KB124489

어른을 키우는 어른을 위한 심리학

어른을 키우는
어른을 위한 심리학

하지현 지음

은행나무

들어가며

우리는 '어른'이라는 단어를 매일같이 쓰지만 막상 어른이 무엇이냐고 물으면 대답하기 어렵다. 대한민국 법에서는 만 19세 이상을 가리키지만, 주민등록증 발급 기준으로 보면 만 17세다. 사회적으로는 고등학교를 졸업한 이후로 보기도 하는데, 대학을 들어가지 않고 재수를 선택해 공부하고 있다면 여전히 고등학생의 연장선에 있다고 보는 경우가 많다. 그럼 대학생이 되었으면 어른으로 볼 수 있을까? 30년 전이라면 모를까, 요즘 대학생을 진심으로 어른이라고 느끼는 사람이 얼마나 될까? 부모 입장에서 바라본다면 스무 살 대학생은 어른을 향한 첫발을 뗀 것이라 볼 수 있지 않을까. 내 마음을 돌아봐도 그렇다.

2년 전 둘째가 무사히 대학에 입학하고 난 후 나와 아내의 마음은 무척 가벼워졌다. 첫째가 입시를 준비하던 때부터 7년 가까이 이어진 입시라는 크나큰 스트레스를 주는 대장정을 드디어 마무리한 것이다. 이제는 아이들이 저녁에 술을 마시고 늦게 들어와도, 오전 내내 잠을 자도 그런가 보다 하며 지켜볼 수 있다. 그러나 대학생인 아이가 어른으로 독립한 것은 아니다. 신입생 때는 학교 앞에서 자취하고 싶다고 말하다가, 월세와 자취 비용이 얼마나 되는지 알아보고는 "아빠, 취직하고 나서도 한동안은 여기서 지내도 괜찮죠?"라고 말한다. 주거비 걱정 없이 서울에서 살 수 있다는 것이 얼마나 큰 가치인지 깨닫고 나니 부모에게 의지하고 싶은 마음이 드는 것이다. 물론 전보다 많은 것을 스스로 결정한다. 수업 시간표와 공부 스케줄, 아르바이트나 여행 등의 일상적인 것들. 그렇지만 큰 결정은 부모와 상의하고 부모의 결정을 따른다. 평일에는 내 명의의 체크카드를 사용하고, 저녁에 친구를 만나거나 주말에 외출하면 아르바이트를 해서 모은 돈을 저축해둔 자기 카드를 쓴다. 부모 마음으로는 그 돈을 전부 저축하면 좋으련만, 아이는 사용 내역이 내게 문자메시지로 가는 것이 싫은 것이다.

　지금 내 아이들은 법적으로 성년이 지났으니 어른인 걸까?

어른이 된 자녀를 키우는 부모 10명에게 언제부터 어른이 되는 거냐고 묻는다면 열에 여덟은 "취업과 결혼을 하면"이라고 대답하지 않을까. 이는 부모로부터 경제적·심리적·물리적 독립을 모두 달성해야 어른이 된다는 관점이다. 생계를 꾸릴 수 있을 만한 직업을 갖고, 크고 작은 일을 부모에게 의지하지 않고 결정할 수 있을 만한 경험과 지혜가 쌓이고, 결혼을 하고 가정을 꾸려 따로 산다면 부모 입장에서도 자녀가 내 품을 완전히 떠났다고 선언할 수 있다. 이제는 네 앞가림은 알아서 하라고.

그런데 어느새부터 '어른'으로 독립하는 데 필요한 시간이 너무 길어졌다. 대졸 신입사원 평균 연령은 30세를, 평균 초혼 연령은 32세를 넘어섰고 결혼하는 인구도 줄어들고 있다. 한마디로 고등학교를 졸업하고도 10여 년의 시간이 지나야 '어른'이 되는 것이다. 그렇다면 35살에 취업을 못 해서 부모의 도움을 받고 있다면, 결혼하지 않고 부모와 살고 있다면 아직 '어른'이 아닌 걸까? 한편으로 직장을 다니거나 결혼을 했지만 부모에게서 경제적·심리적으로 독립하지 못한 자녀도 많다. 여전히 부모의 돈으로 물건을 사고 여행을 다니면서 기뻐하고, 중요한 일이 있을 때마다 경험이 풍부한 부모의 의견을 따르며 산다. 다른 쪽도 문제가 있다. 진료실에서는 어른이 된 자녀가 혼자서 중요한 결정을 내렸다고 실망하고 서운하다 며 상담을 청하는 부모를 자주 만난다. 이와 같은 부모 밑에서 순종하며 살아가는 30대, 40대도 많은 것이 현실이다. '어른' 으로 독립하려면 나이가 차고 직장을 다니며 돈을 벌고 결혼 을 하는 것도 중요하지만, 그보다 부모와 자녀의 관계가 결정 적인 요인으로 작용한다고 생각하게 되는 이유다.

성인이 된 자녀를 둔 부모는 자신의 마음의 눈부터 살펴봐 야 한다. 부모의 눈에는 나이가 찬 자녀도 여전히 아이로 보인 다. 어른으로 대하며 스스로 자신의 일을 처리하도록 믿고 맡 기기에는 마음이 놓이지 않는다. 갈수록 사회에서 안정적인 삶을 꾸리기 힘들어지다 보니, 자녀도 부모에게 의지할 수 있 을 때까지 의지하려 한다. 독립하여 자신을 책임질 수 있을 만 한 준비를 마치고 경험도 쌓았지만, 지금의 상태가 편하고 얻 는 것도 많으니 불안한 독립을 선택하길 꺼린다. 자녀가 어른 이 된 것을 받아들이지 못하는 부모에게 강하게 반발하는 경 우도 있지만, 과거의 잘잘못을 꺼내 서로를 공격하는 감정 싸 움으로 변질되어 성숙한 합의로 이어지기는 어려운 것이 현실 이다. 자녀가 부모에게 경제적·심리적으로 의지하며 살아가는

'순응' 유형의 가족과, 감정싸움을 반복하다가 서로 원망이 쌓여 관계의 거리가 급격히 벌어진 채로 독립을 선언하는 '갈등' 유형의 가족이 점차 많아지고 있다.

부모와 자녀 사이에 이러한 갈등 관계가 형성되는 것은 자녀가 독립하기를 바라는 마음과 여전히 물가에 아이를 내놓은 양 불안해하는 마음이 동시에 존재하는 탓이 크다. 부모라면 자녀를 최대한 도와주고 싶은 것이 당연하지 않냐고 하지만, 약이 아니라 독이 되는 부모의 간섭으로 '어른아이'가 되어버린 성인 자녀가 많아지고 있다. 넘어져서 생채기라도 날까 봐 보조바퀴를 떼지 못한 채 자전거를 타는 스무 살 청년을 보는 것 같다.

이때 누가 먼저 나서야 할까. 나는 부모여야 한다고 생각한다. 부모가 자녀의 보조바퀴를 떼고, 크게 다치지 않는 한 한두 번 넘어지는 실수가 있어야 자전거를 탈 수 있다는 것을 알고 실천해야 한다. 성인이 된 자녀를 바라보는 마음을 조금씩 바꿔야 한다. 자녀는 앞으로 펼쳐질 '어른의 시간'에 대해 막연하게 짐작할 뿐이다. 그러니 불안한 마음에 현재에 안주하면서 부모가 시키는 대로 하거나, 스스로 나아가며 좌충우돌을 겪는다. 반면 부모는 시대가 달라졌다지만 자녀가 살아갈 '어른의 시간'을 거쳐왔다. 기본적으로 어떤 고민을 하고 무엇을 대비해야 하는지 알고 있다. 자녀가 보조바퀴를 뗄 엄두를 못 내고 있다면, 그런 부모가 자기 불안을 다스리며 먼저 나서야 한다. 앞서 살아본 사람이니까.

부모와 자녀가 각자 자기 앞에 놓인 알 수 없는 미래에 대한 불안을 견딜 수 있어야 자녀가 비로소 어른이 될 수 있고, 어른과 어른으로서 관계를 맺을 수 있다. 그런데 어른이 된 자녀에게 아직 해줄 것이 많이 남았다고 여기며, 자녀의 미래에 대한 걱정과 불안에 사로잡힌 부모가 많다. 머리로는 이제 품에서 떠나보내 알아서 세상을 헤쳐나가게 해야 한다는 것을 알면서도 결단을 내리지 못한 채 지금까지 해오던 대로 어른이 된 자녀를 아이처럼 키우다가는 부모가 점점 힘이 빠지면서 부모와 자녀 모두 힘들어질 수 있다. 서로 의지할 수 있는, 어른과 어른으로서의 부모 자녀 관계는 어떻게 만들어야 할까.

이 책은 그런 이야기를 담을 것이다. 사회가 빠르게 변화하고 경쟁이 치열해지면서 한 사람의 어른으로 독립하기 위해 준비할 것은 많아졌다. 자녀의 행복을 바라는 부모는 남들보다 못 해준 것 같고 자녀가 충분히 준비되지 않은 것 같아서 불안하다. 그렇지만 해주려는 조바심을 참는 것, 자녀를 어른으로 대하고 자녀의 실패를 겪어야 할 경험으로 여기는 것, 자녀의 인생에서 내 인생으로 무게중심을 조금씩 옮기는 것이 부모와 자녀 모두의 미래를 위한 선택이자 최선의 태도다. 그래야 자녀도 마음이 자라 어른이 될 수 있고, 부모도 평온한 마음으로 만족스러운 인생의 후반기를 살아갈 수 있다.

이 책에서는 부모로서 느끼는 불안을 다스리고 자녀와 어른과 어른의 관계를 맺는 법에 대해, 자녀에게 '충분히 좋은' 부모이자 어른, 혹은 노년의 롤모델이 되는 방법에 대해 이야기할 것이다. 이를 위해서 불안과 욕망의 개념, 청소년기와 성인기의 심리발달적 특징 등 심리학·정신의학 이론에서부터 경제적 지원은 얼마나 해주어야 하는지, 결혼과 손주 양육에서 부모는 어떤 역할을 해야 하는지, 어른이 된 자녀와 마음을 터놓고 소통하려면 어떤 태도로 말하고 어떤 표현에 주의해야 하는지 등 구체적인 방법까지 다루려 한다. 나아가 자녀의 삶을 인생의 성적표로 삼는 것이 아니라 내 삶의 만족과 행복을 추구하며 살아가는 방법을 제안할 것이다. 20여 년 동안 정신과의사로 진료실에서 다양한 부모와 자녀를 만나 상담하면서 알게 된 것들을, 어른이 된 자녀를 둔 부모로서 느낀 것들을 이 책에 담았다. 어른이 된 자녀를 보면서 불안과 초조함을 느끼면서도 그 실체를 잘 모르겠는 분들, 어른이 된 자녀와 어떻게 잘 지내야 할지 어려운 분들에게 실마리를 드릴 수 있길 바란다.

차례

들어가며   4

1장   무거워진 부모의 역할과 불안

'배 속에 있을 때가 제일 좋은 거야'란 말이 실감난다   17

불안의 3중고: 나 하나도 힘든데, 자식에 부모까지   29

나의 앞에 놓인 시간을 살펴보자   37

노년기를 맞이하는 자세에 대하여   48

불안과 실망에서 벗어나는 길: 욕망과 욕구 구별하기   57

2장   교육, 진로, 재정 지원

마음 성장을 위한 공부도 필요하다   69

대학 등록금 대신 사업자금을 달라고 한다면?   78

'공부 중' 푯말이란 프리패스, 대체 언제까지?   90

얼마 가지 않은 것 같은데 번아웃   101

경제적 지원은 어디까지?   111

자녀에게 줄 최고의 선물은 무엇일까?   118

3장   어른과 어른의 관계 만들기

자녀와 좋은 관계를 만들기 위해 필요한 마음   127

부모의 말에 까칠해지는 이유: 스트라이크존의 변화   135

어른인 자녀와 대화하기: 이것만 참아도 좋다   142

자녀를 돈으로 통제하지 마라 150

자녀가 자신의 일을 편하게 이야기하려면 158

자녀와 틀어진 관계를 회복하는 방법 166

4장 자녀의 결혼, 그리고 손자

결혼 안 하는 자녀, 잘 지내면 걱정하지 말자 177

자녀가 결혼하기로 마음먹었다면 185

결혼식은 내가 하는 것이 아니다 195

신혼의 적응 과정: 메신저 단체방 스트레스 202

손주 돌봄, 행복인가 노년의 족쇄인가 208

손주에게 부모가 줄 수 없는 걸 주자 218

5장 간섭하는 부모보다는 '충분히 좋은 어른'이 되자

졸육아, 이제는 내 인생에서 행복을 찾자 229

인생이 불안하고 불만스럽다면 5년만 기다려보자 238

중년의 자녀와 노년의 부모 사이 246

까다로운 어른은 되지 말자 253

인생 후반전의 행복, 오늘을 기분 좋게 보내는 것 262

누가 내게 행복하냐고 묻는다면 272

미주 280

1장

무거워진 부모의 역할과 불안

'배 속에 있을 때가 제일 좋은 거야'란 말이 실감난다

시계를 거꾸로 돌려보자. 아이를 갖고 서서히 배가 불러온다. 아이가 세상에 나올 날을 기다리며 행복한 상상을 하는 부부에게, 지나가던 어르신이 불쑥 말을 건다.

"힘들죠? 그래도 애가 배 속에 있을 때가 제일 좋을 때예요. 나오면 고생길이 훤해."

처음 들었을 때는 무슨 말인가 싶다. 그러나 그 말이 뼈를 때리는 진실임을 실감하는 데 오래 걸리지 않았을 것이다. 갓태어난 아이를 키우는 조마조마함, 학교에 들어갔을 때 느끼는 불안, 사춘기 자녀의 반항심과 무서운 눈빛… 그래도 스무 살이 되면 고생이 끝날 줄 알았다. 그런데 이때부터 본격적으로 고생이 시작되는 경우도 많다. 등록금과 용돈도 만만치 않은데 치열한 취업 경쟁에 시달리는 자녀를 곁에서 받쳐줘야 한다. 취업을 하고 나서도 회사 생활은 잘하는지 걱정되고, 누구를 사귄다고 하면 어떤 사람일지 궁금하고, 행여 이상한 집안과 엮일까 봐 불안해진다. 나가서 살아도 밥은 제대로 챙겨 먹는지, 집구석이 엉망인 건 아닐지 계속 신경이 쓰인다. 어쩌면 배 속이라는 안전한 공간에 있을 때가 차라리 마음은 편했었다고 할 만하다.

아이가 세상에 나온 순간부터 어디에 있든 부모는 걱정과 불안이 앞선다. 어엿한 어른이 되어 내 품을 벗어난 후에도 크게 달라지지 않는다. 잘 나가면 잘 나가다가 거꾸러질까 봐 걱정이고, 기대보다 안 풀리면 속상하고 애가 탄다. 어릴 때와 달리 내가 해줄 수 있는 건 아주 제한적이고 부모인 나도 모르겠는 새로운 문제들이 자식의 삶에 치고 들어온다. 자식 문제만큼은 시간이 지나도 굳은살이 배기지 않고 맞을 때마다 아프다.

부모로서 느끼는 새로운 종류의 불안

부모의 불안이 사라지지 않는 것은 살면서 경험해온 불안과는 방향이 다른 불안이기 때문이다. 어른으로 성장하면서 경험하는 불안은 세상의 것을 내 안으로 가져오는 과정에서 생긴다. 우유를 내 입으로 가져오지 못하거나 장난감을 내 손으로 갖고 놀지 못하면 불안하고 화나는 것부터 시작해서, 나중에는 지식을 내 머릿속에 넣는 공부나 돈을 버는 일에 대한 불안이 생긴다. 친구를 만나고 연인을 사귀고 결혼하는 것도 세상의 것을 나와 가까워지도록 당기는 일이다. 즉 밖(세상)에서 안(나)으로 당기는 것이 기대만큼 잘되면 뿌듯하고 성취감을 얻지만, 잘되지 않으면 불안, 좌절, 질투 같은 감정을 느낀다. 이런 방향성의 관점에서 보면 어른이 된다는 것은 눈에 보이는 세상의 것을 다 내 것으로 만들 수는 없음을 인정하고 받아들이는 과정이기도 하다. 돈을 끝도 없이 벌 수 없고 세상 모든 지식이 내 것이 될 수 없고 어떤 관계든 내 뜻대로만 되지 않는다는 것을, 또 그럴 필요도 없다는 것을 인정하면서 마음은 관대해지고 평온해진다. 마음의 건강은 스스로 완벽해짐으로써 얻는 것이 아니라 굳이 완벽해야 할 필요가 없다는 걸 인정하는 것에서 시작되는 법이니까.

　그런데 아이를 낳으면 경험해보지 못한 불안이 찾아온다. 아이가 내 품 안에 머물 땐 그나마 괜찮았지만, 아이의 주관이 생기고 "싫어!" 하고 도리질하게 되면서 완전히 새로운 방향의 불안이 생긴다. 아이는 커가면서 내 품에서 벗어나 점점 멀어진다. 이성적으로는 그게 옳다는 걸 알지만 받아들이기 어렵다. 부모가 눈에 보이지 않으면 아이가 불안해하듯이, 부모도 아이가 내 관할 밖으로 나가면 다치거나 안 좋은 일이 생길까 봐 무섭다. 아이에 관한 일도 부모가 결정하다가 점점 아이의 결정이 부모의 판단보다 큰 무게를 갖게 된다. 내 품(안)에 있던 아이가 차근차근 단계를 밟으며 세상을 향해 멀리 떠나는 것을 수용하고 그 과정에서 오는 불안을 견뎌야만 한다. 지금까지 경험했던, 바깥의 것을 내 안으로 가져오지 못해서 느꼈던 불안과는 180도 다른 방향에서 오는, 낯설고 익숙해지기 힘든 불안이 바로 '부모라는 존재의 불안'이다. 익숙해질 만하면 아이는 내게서 조금씩 더 멀어지고 새로운 과제를 마주하니 다시 마음이 흔들린다.

　스스로 만족할 만한 성취를 이루고 자존감이 높은 사람일수록 부모가 된 후 불안을 많이 느끼는 이유가 여기에 있다.

공부나 직업 등 자신의 일에는 자신감이 있지만 아이를 키우는 것은 어렵고 위태롭다고 느낀다. 한 번도 경험해보지 않은 방향의 불안이, 노력해서 성취하는 것으로는 해소할 수 없는 불안이 아이가 성장하며 나와 멀어질수록 더 강한 힘과 속도로 새롭게 던져지니 말이다.

그래서 부모는 아이를 키우며 함께 자란다는 말을 한다. 자녀의 성장을 도우면서 불안을 경험하고 이를 극복해나가며 보다 성숙한 어른으로 성장한다. 아이를 낳고 기르지 않는 사람도 아랫사람과 관계를 맺고 성장을 도우면서 불안과 성장을 경험하지만, 자녀를 오롯이 책임져야 하는 부모가 느끼는 불안의 강도는 다르다.

부모의 불안을 자녀에게 쏟아붓지 말자

실제로 자녀에게 무슨 일이 일어나서 불안해하는 게 아니라, 안 좋은 일이 생길지도 모른다는 생각이 부모를 불안하게 만든다. '행여 이런 일이 생기면 어떡하지'라는 불안한 상상을 지우기 위해 자녀에게 제일 좋다고 생각하는 선택을 내리고,

가장 빠르고 안전한 길이라며 나아갈 방향을 가리킨다. 그 방향을 향해 자녀와 함께 뛰다 보면 부모는 최선을 다했다는 마음이 들면서 불안이 줄어든다. 그러나 이는 부모가 자신의 불안을 자녀에게 쏟아붓고 자녀가 그 불안을 뒤집어쓴 것이다.

자녀보다 세상을 잘 아는 부모는 많은 경험과 정보를 바탕으로 자녀 대신 필요한 시기에 삶의 중요한 선택을 내려야 경쟁사회에서 살아남을 수 있다고 믿는다. 자녀가 이를 거부하면 남들보다 잘살 수 있는 좋은 방법을 알려주는데 왜 마다하느냐고 한다. 자녀를 위하는 마음도 있겠지만, 이는 잘 키워야 한다는 욕심과 부모의 불안을 줄이기 위한 무의식적인 노력이 결합한 행동이다.

우리 삶에서 불안은 마치 하늘에서 내리는 비와 같다. 부모가 비를 그치게 할 수는 없다. 대신 자녀가 비를 맞지 않도록 우산이 되어주자. 부모가 불안을 대신 맞아주며 자녀와 함께 걸어가 준다면, 자녀는 자신의 삶에 집중할 수 있을 것이다. 물론 자녀가 내리는 선택을 존중하며 지켜보는 일이 얼마나 어려운지 안다. 그래서 나는 단계적으로 자녀에게 주도권을 주는 훈련을 하자고 제안한다. 자녀가 10살보다 어릴 때 자녀와 부모의 관계에서 부모의 주도권은 90% 정도가 적당

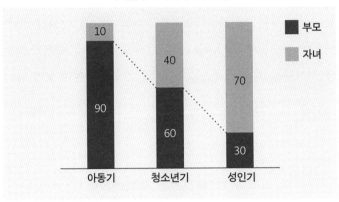

시기별 부모와 자녀의 주도권

아동기: 부모 90, 자녀 10
청소년기: 부모 60, 자녀 40
성인기: 부모 30, 자녀 70

하다. 10대 중반 청소년기에 접어들면 부모의 주도권을 60% 정도로 줄이려고 노력하고, 20대가 넘어 성인기가 되었다면 30% 미만으로 낮춰 대안을 제시해보고 의견을 내는 정도만 하자고 말한다. 이처럼 구체적인 숫자를 떠올리며 관계를 맺는 것이 '네가 알아서 해'라고 말하면서 실은 부모가 원하는 대로 하려는 우를 범하지 않는 방법이다.

그런데 성인이 된 자녀의 선택을 지켜볼 때가 더욱 불안하다. 직업, 주거, 결혼 등 청소년기보다 중대한 선택을 내려야 하니 책임도 무거워지고 잘못된 선택에 따르는 위험도 커진다. 게다가 자녀의 선택을 같은 어른의 관점에서 보기 때문에 간섭하고 싶은 마음을 억누르기 어렵다. 이런 때일수록 부모되기의 핵심은 끊임없이 놓아주기continuously letting go라는 사실을 되새겨야 한다. 내 손에서, 내 눈에서, 내 품에서 조금씩 벗어나는 걸 인정하고 놓아주는 것이 성숙한 부모가 되어가는 과정이다.

'충분히 좋은 부모'가 최선이다

현대사회의 중산층 부모는 계층이동에 대한 불안을 강하게 느낀다. 갈수록 사회계층의 하향이동은 쉬워지고 상승이동은 어려워지고 있기 때문이다. 부모는 최소한 자녀가 자신과 비슷한 사회·경제적 직위를 유지하길 바란다. 이는 최선을 다해 높은 학력과 안정적인 직업을 획득할 수 있도록 도우려는 '성취지향적 육아'로 이어지고, 불안은 줄어들려야 줄어들 수 없다.

소아과 의사이자 정신분석가 도널드 위니컷Donald Woods Winnicott은 충분히 좋은 엄마good enough mother가 좋은 부모라고 말한다. 누구나 완벽한 부모가 되길 원하지만, 완벽한 부모

충분히 좋은 엄마good enough mother

도널드 위니컷(1896~1971)이 저서 《놀이와 현실Playing and Reality》에서 제안한 좋은 부모의 개념. 모든 부모는 이상적이고 완벽한 부모가 되기를 꿈꾸지만 현실은 그렇지 못하고, 그래서 언제나 죄책감을 갖고 살아간다. 이에 대해 위니컷은 모든 엄마는 엄마로서의 자질을 타고났다고 믿으며, 자기 자신으로 존재하며 아이와 상호작용하려 노력하면 충분히 좋은 부모가 되어 아이를 잘 키울 수 있다고 하였다. 즉, 부모는 완벽할 필요가 없다. 완벽에 대한 강박은 도리어 불필요한 불안을 불러올 뿐이고, 아이의 독립과 성장에 방해가 된다.

는 자녀의 성장을 가로막을 수 있다. 아이는 성장하면서 자신이 부모를 뛰어넘는 상상을 하고 바깥으로 나가게 되는데, 완벽한 부모는 넘을 수 없는 벽으로 느껴져 아이가 부모의 그늘 안에 안주하게 만든다. 인생의 모든 질문과 문제에 부모가 정답을 제시하니 혼자서는 어떤 결정도 내리지 못하고, 책임지는 태도도 기르지 못한다.

아이가 독립적인 어른으로 성장하려면 아이가 자라면서 안전감a sense of security을 가질 수 있는 환경을 조성하고 세상을 믿을 만한 곳으로 여기게 만드는 것이 중요하다. 안전감이란 곁에 있지 않더라도 부모가 언제나 든든하게 자신을 받쳐주고 있다는 감각이다. 자신이 넘어져도 부모가 받쳐줘서 크게 다치지 않을 것이라는, 부모가 내 손을 잡고 일으켜줄 것이라는 믿음이다. 안전감을 습득한 아이는 좌절과 실패를 경험하더라도 무너지지 않고 다시 일어설 수 있다.

자라는 과정에 적절한 수준의 좌절을 마주하고 극복하는 것은, 이후에 마주할 수 있는 감당하기 힘든 일들을 이겨내는 데 큰 도움이 된다. 게다가 이는 태어날 때 갖고 나오는 전능감omnipotent에서 벗어나는 데 중요한 역할을 한다. 아이는 엄마 배 속에서 있을 때가 가장 행복하다. 내가 원하는 것을 원하는 순간에 얻을 수 있는 유일한 곳이 배 속이다. 배가 고프면 탯줄을 통해 먹을 것이 들어오고, 춥다고 느끼면 따뜻해진다. 정신분석에서는 "내가 원하니 바로 이루어진다"라고 인식하는 이러한 상태를 유아의 전능감 환상omnipotent fantasy이라고 설명한다. 전능감은 출생 이후에도 한동안 유지되다가 현실 경험에 맞추어 서서히 옅어진다. 현실 경험은 실은 좌절의 반복이다. 엄마 배 속이 아닌 바깥세상에서는 내가 원하는 것이 바로 이루어지지 않음을, 한참을 기다려야 할 때도 많고 아예 이루어지지 않는 것도 있음을 온몸으로 느끼며 전능감은 현실감각으로 전환한다.

부모의 완벽한 보호 아래서 자란 아이는 좌절을 제때 경험하지 못해 전능감이 가득한 자아를 가질 위험이 있다. 전능감이 가득한 자아는 참을성이 없으며, 세상을 나를 중심으로만 바라본다. 공감 능력이 떨어지고 내가 무조건 옳다는 아집을 갖는다. 전능감에서 벗어나지 못한 채 세상에 나가면 타인과 어울리면서 여러 문제에 부딪칠 수밖에 없다. 이를 예방하려면 부모는 아프고 힘들지라도 자녀가 성장하면서 적절한 좌절을 경험하는 모습을 바라보며 견뎌야 하고, 그것이 평생 남는 상처가 아니라 필요한 성장통임을 인정해야 한다.

위니컷은 좋은 부모가 되기 위해 중요한 것은 자녀에게 가장 좋은 길을 제시하는 것이 아니라 '나 자신으로 존재하는 것'이라고 말한다. 좋은 부모란 자녀에게 완벽한 모습을 보이고 정답을 제시하며 앞서나가는 부모가 아니라 내면의 불안과 욕망을 잘 다스리는 부모, 마음에서 우러나오는 감정을 자녀에게 부드럽게 표현하고, 자녀의 말과 행동을 주의깊게 살피며 열린 마음으로 상호작용하는 부모다.

자녀가 어른이 되어 사회에 진출한 다음에 오히려 불안이 더 크게 다가오기도 하는데, 그것은 자녀가 좌절과 실패를 경험하지 않도록 '완벽한 부모'가 되어야 한다는 강박이나 '부모

되기'에 대한 오해로 생기는 문제일 때가 많다. 불안의 본질을 이해하는 한편, 불안을 없애기 위한 노력이 불안을 더 키워온 것은 아닌지 고민해봐야 한다. 어른이 된 자녀에게 여전히 물가에 내놓은 어린아이를 보듯 조마조마하고 불안한 감정을 갖고 있다면 더욱더. 사랑이라는 외피를 쓴 당신의 걱정이 자녀를 보호하는 게 아니라 자녀가 독립적인 어른으로 성장하는 것을 가로막는 벽으로 작동하고 있을지도 모른다.

"아이가 잘되기를 바라는 마음이 잘못인가요"라는 반문이 당연히 나올 수 있다. 그렇지만 그 말을 하기 전에 '잘되는 것'이 진짜 아이가 바라는 일인지, 아니면 내가 오랫동안 꿈꿔온 것, 혹은 내가 하지 못한 것을 자녀가 이뤄주길 바라는 것인지 고민해보자. 특히 주어진 일을 잘해내는 자녀가 부모의 요구에 잠시라도 머뭇거리는 모습이 감지된다면, 자녀가 원하는 것이나 객관적 능력과 상관없이 부모의 욕망을 자녀를 통해 실현하려는 것은 아닌지 생각해봐야 한다. 어른이 되어서도 부모의 바람을 따르는 것, 부모에게 인정받는 것을 삶의 목표로 삼는 것은 불행한 일이 아닐 수 없다.

불안의 3중고: 나 하나도 힘든데, 자식에 부모까지

퇴근하면서 안부차 어머니에게 전화를 했다. 받지 않으신다. 운동을 가셨나 싶어서 문자를 남겼는데 답장도 없다. 한 시간 뒤에 다시 전화를 걸었는데도 받지 않으시자 덜컥 겁이 난다. 곧 전화가 와서 낮잠을 주무셔서 못 받았다는 말을 들은 다음에야 안심이 된다. 혼자 사는 80대 중반의 어머니가 흔히 할 수 있는 행동이고 나 혼자 불안해진 것이었지만, 사소한 일에 금방 걱정이 되고 불안해지는 것은 어쩔 수 없는 일이다.

마음이 쓰이는 건 어른이 된 자녀도 마찬가지다. 큰아이는 대학 졸업반이다. 이제 뒷바라지가 끝인가 싶지만 정작 취업해서 사회에 발을 들인 후에 겪을 일들을 생각하면 머릿속이 복잡해진다. 하지만 20대 중후반의 방황, 망설임, 새로운 시도, 불가피한 좌절은 누구나 겪는 일이니, 내 부모만큼 크게 걱정되지는 않는다.

　중장년이 된 부모는 자녀에 대한 불안뿐 아니라 내게 의지하는 연로한 부모에 대한 걱정과 부담을 느끼면서 신체적·심리적 변곡점을 지나는 3중고를 감당해야 한다. 50대에 접어들면 인생이 정점을 지나 서서히 하향곡선을 그리는 것을 신체적·심리적으로 느낀다. 30대에는 내 앞가림만 잘하고 자식을 잘 키우는 것이 최선의 삶이라고 생각했는데, 어느새 평생 의지해온 부모를 내가 돌봐야 한다는 책임감이 어깨 위에 얹어진다. 내가 젊은 시절엔 독립했을 나이인 자녀도 아직 나에게 기대고 있으니, 한 가지 의무가 더해진 것이다. 마치 세 개의 공을 들고 외발자전거를 탄 채 저글링을 하는 것처럼, 삶의 균형을 아슬아슬하게 유지하는 것이 한계다.

　불안하고 위태로운 이 시기에 성인기의 발달 과정을 이해하면 삶의 균형을 잡아나가는 데 도움이 된다. 지금 내가 겪고 있는 어려움이 나만의 것이 아니라 이 시기를 지나는 모두가 어떤 방식으로든 마주하는 문제이며, 누구도 완벽하게 대처할 수 없다는 것을 알면 힘들더라도 조금은 안심이 되지 않을까.

중년에게는 중년의 '성장통'이 있다

미국의 정신분석가 캘빈 콜라루소Calvin Colarusso는 아이와 청소년의 성장 과정을 설명하는 마가렛 말러Margaret Mahler의 분리-개별화 이론을 응용해 중장년 부모의 감정을 설명한다. 말러의 분리-개별화 과정separation-individuation process은 두 단계로 나뉜다. 1차 분리-개별화 과정은 아기가 엄마의 품에서 벗어나 자신을 독립적 존재로 인식하는 심리발달 과정이다. 이후 청소년기에 접어들면 '나는 누구인가'라는 정체성에 대한 물음을 마주하는데, 이에 답하기 위해 부모가 만든 가치관이나 규율에서 벗어나려고 강하게 저항하며 때론 합리적이지 않은 결정을 내리는 것이 2차 분리-개별화 과정이다. 이러한 과정들을 거쳐 자신을 부모와 분리된 개별적 존재, 즉 개성과 고유성을 가진 한 사람으로 인식하며 어른이 되는 것이다.

콜라루소는 말러의 이론을 확장해 어른이 된 후에도 중년기에 3차 분리-개별화 과정을 겪는다고 말한다. 3차 분리-개별화 과정의 첫 단계는 자녀가 독립하는 과정을 지켜보며 이를 견뎌내는 것이다. 이어서 부모와 자신의 관계 변화를 경험하는데, 자녀가 있는 부모이자 어른인 자신을 통제하려 드는

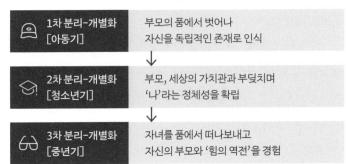

분리-개별화 과정

	1차 분리-개별화 [아동기]	부모의 품에서 벗어나 자신을 독립적인 존재로 인식
	2차 분리-개별화 [청소년기]	부모, 세상의 가치관과 부딪치며 '나'라는 정체성을 확립
	3차 분리-개별화 [중년기]	자녀를 품에서 떠나보내고 자신의 부모와 '힘의 역전'을 경험

부모에게 저항감을 느낀다. 그러다가 부모가 연로해지면서 힘의 역전을 경험하는 동시에 나를 돌봐주었던 부모를 내가 돌봐야 하는 또 다른 역전을 인식하고 받아들인다. 그렇게 중년의 '성장통'을 겪으며 아슬아슬하게 삶의 균형을 유지해야 하는 시기를 맞이한다.

다른 방향으로 멀어지는 자녀와 부모

3차 분리-개별화 과정을 경험하는 중년기에 자녀와의 관계, 부모와의 관계에서 느끼는 감정을 콜라루소는 이렇게 설명한다.

자녀와의 관계에서 부모는 청소년기를 지나 어른이 된 자녀가 자신의 삶을 만들어나가고 새로운 시도를 하는 것을 지켜본다. 그러면서 중년에 이른 자신에게는 자녀와 달리 새롭고 무모한 시도를 할 기회가 남아 있지 않음을 알게 된다. 전에는 몰랐던 것을 깨닫기도 하고, 삶의 정점을 향해 나아가는 자녀에게 강한 질투와 부러움을 느끼기도 하면서 자신은 힘을 빼야 할 시기임을 받아들인다. 늘 자녀보다 아는 것도 많고 가족의 일에 대한 결정권을 쥐고 있었는데, 그 균형이 바뀌는 시점을 경험한다. 어느새 자녀에게 새로운 것을 배우고 자녀의 결정을 따르는 일이 많아진다. 그러면서 부모와 자녀 사이의 기울기가 점점 평등해진다. 서로 의견을 내고 합의하여 결정하는 사이, 각자의 결정을 존중하고 응원하는 사이로 변화해간다. 만약 균형의 변화를 받아들이지 못하고 부모의 권위를 내세우며 자녀의 삶에 개입하고 자녀를 통제하려 든다면, 분노와 무력감, 서운함이 삶의 주요한 정서가 되어버린다.

한편으로는 연로해가는 부모와의 관계가 있다. 어릴 때는 부모의 보호를 받지 못하는 상황을 생존의 위협으로 느끼며, 영원히 함께할 것으로 여긴다. 행여 부모가 나를 버릴까 봐 두려워하기도 한다. 어른이 되면서 그런 바람과 두려움으로부터는 벗어났지만, 어느덧 주변 소식을 접하면서 부모와 헤어짐이 불가피하다는 것을, 부모에게 남은 시간이 생각보다 많지 않을 수 있다는 사실을 인정해야 하는 시점이 온다. 이제는 내가 부모의 보호자가 되어 병원에 다니고, 중요한 의사 결정도 부모가 내게 맡기고 의지한다. 한없이 강해 보이던 부모의 노쇠한 모습을 보는 것은 가슴 아픈 일이다. 부모의 죽음을 염두에 두면서 슬픔이 다가온다는 것을 실감한다. 때로는 어린 시절의 힘들고 괴로웠던 감정, 부모와의 갈등이 다시 떠오르면서 부모에게 원망을 토로하기도 하고, 형제들 사이의 문제가 다시 불거지면서 사이가 크게 틀어지기도 한다. 부모와의 관계가 변화하면서 내 자녀를 바라보는 관점도 달라진다. 이미 어른이 된 자녀와 어떤 관계를 맺으면 좋을지 본격적으로 고민하게 된다.

어려운 인생의 숙제도 소중한 내 삶의 한 부분이다

3중고를 마주하기 전까지의 삶은 직선으로 뻗어 나가는 1차 방정식이었다. 나의 미래를 그려나가고 내리사랑으로 자녀를 키우며, 내가 발전하고 자녀가 자라나는 방향으로 나아갈 수 있었다. 자녀가 위험에 처하지 않고 성장할 수 있도록 대비하고 북돋아 주는 것으로 충분했다. 그런데 지금은 2차, 3차 방정식처럼 복잡하다. 부모, 나, 자녀에게 각각 다른 방향의 일들이 동시다발적으로 발생하니, 어렵고 힘들 수밖에 없다. 그러나 이는 나와 사랑하는 사람들이 성장하고 나이 들어가면서 맞닥뜨리는 불가피한 현상이다. 자녀와 부모 사이에 껴서 고통받는다고 생각할 수도 있지만, 이 시기를 잘 헤쳐나오면 훨씬 멋진 어른으로 성장한다고 나는 믿는다.

이렇게 늘어놓고 나니 고민도 책임도, 불안도 가장 많은 시기 같다. 독일의 철학자 쇼펜하우어Arthur Schopenhauer는 "배가 똑바로 나아가려면 바닥짐을 실어야 하듯, 우리에겐 늘 어느 정도의 근심, 슬픔, 결핍이 필요하다"라고 말했다. 무거운 바닥짐이 오히려 '나'라는 배가 좌우로 흔들리지 않고 단단하게 나아갈 수 있도록 만들어준다고 생각해보면 어떨까.

성숙한 어른이 되면 고민이 줄어들 줄 알았지만, 정신과의
사로 나이 들며 진료실에서 사람들을 만날수록 인생의 숙제는
죽을 때까지, 또 생애 주기마다 다르게 주어지는 것임을 깨닫
는다. 그리고 그 숙제는 누구도 예외 없이 풀어야 한다. 피할 수
없으니 기꺼이 즐기라고 말하고 싶지는 않다. 다만 그 숙제들
도 내 인생의 한 부분이자 삶의 가치를 더해주는 것으로 받아
들이면 좋겠다. 귀찮고 힘들다고 피하고만 있으면 어느덧 책상
위에 풀지 않은 문제지가 잔뜩 쌓여 있을지 모른다.

나의 앞에 놓인 시간을 살펴보자

　　연말에 고등학교 동창들이 한자리에 모였다. 한동안 만나지 못했던 터라 한 명씩 더 연락하다 보니 자리가 커졌다. 서로 반가워하며 근황을 나눴다.

　　"영국이는 올해 퇴사한다고 하더라."

　　"그래? 벌써 그럴 때가 됐구나."

　　"벌써가 아니지. 그 회사 기준으로는 오래 다녔어. 전무까지 했으니."

　　"애들은 다 키웠나?"

　　"첫째는 대학 졸업하고 회사 다니지… 최근엔 막내도 졸업했고."

　　"다행이다. 이제 뭐 한다고 해?"

　　"모르지, 재임용될 줄 알았는데 갑자기 나가라고 통보받아서 멍한 거 같더라고."

다들 회사를 다니거나 이미 회사를 그만두고 사업을 하는 친구들이어서, 비슷한 소식들을 숱하게 전해 들은 눈치였다. 이제 우리도 이런 얘기를 할 나이라고 생각하는데, 옆자리 친구가 탄식하듯 말했다.

"이씨… 난 멀었어. 회사 오래 다녀야 돼!"
"하하… 맞다. 넌 아직 초등학생이지."

결혼을 늦게 한 친구는 아이가 아직 초등학생이었던 것이다. 10여 년 전에 결혼할 때만 해도 모두가 부러워했던 것이 떠올랐다. 아이를 키우면서 사회생활을 하느라 허덕이던 우리에게 싱글의 삶을 즐기다가 안정적으로 자리 잡고 나서 결혼하는 것이 탁월한 선택으로 보였던 것이다. 그런데 지금에 이르러서는 늦게 시작한 인생의 트랙이 상당한 부담으로 보였다. 이전 세대였으면 손주 볼 나이에 초등학생 아이라니.

한편 어른이 된 자녀를 키우는 부모는 벌써 인생의 트랙도 종반에 다다랐다고 느끼면서, 내 인생의 터닝포인트가 찾아왔음을 실감하는 순간이 많아진다. 중년에서 노년으로 넘어가는 시기에는 내 앞에 놓인 시간이 어떤 길인지 깊이 고민한다. 의학의 발전이 준 선물은 '오래 살게 되는 것'이고 의학의 발전이 준 벌칙은 '오래 살게 되는 것'이라는 농담이 있듯이, 앞으로 가야 할 길이 아직 한참 남아 있다. 미리 대비하지 않으면 갑자기 닥쳐오는 문제를 감당하기 힘들 수 있다.

'인생의 정오'에 이른 중년의 불안과 권태

친구들과 송년회를 하고 얼마 지나지 않은 새해, 치료를 종결했던 50대 남성이 진료실을 찾아왔다. 직장 생활의 스트레스로 가벼운 불면과 불안을 겪다가 반년만에 좋아졌던 분인데, 한눈에 봐도 불안하고 초조한 모습이었다.

"교수님, 제가 사고를 칠까 봐 너무 무섭습니다. 죽음에 대한 생각이 머릿속에 가득해서 다른 생각을 할 수 없습니다. 뾰족한 것을 보면 머리를 박고 싶은 충동이 들기도 하고, 저한테 날아오는 장면이 자꾸 떠올라서 일상생활도 어렵고 운전하기도 겁이 납니다."

그동안 지내온 이야기를 들어보니 친구의 이야기와 비슷했다. 연말에 회사로부터 예상치 못한 재계약 불가 통보를 받았다. 임원으로 근무하고 있었기에 '올 것이 왔다'는 마음으로 퇴사하고, 조금 홀가분해져서 이제는 자유롭게 살아야겠다는 생각도 들었다고 한다. 그런데 일주일 후부터 저런 증상이 시작되더니, 일상생활마저 어려워져 나를 찾아온 것이다. 이성적으로는 받아들일 수 있는 퇴사였지만, 깊은 무의식에 갑작스러운 통보로 인한 불안과 두려움, 억울함과 분노가 뒤섞여 있다가 치솟은 것이다. 자신의 존재나 정체성 같은 본질적인 부분에 충격을 받을 경우, 이를 받아들이기 어려운 자아는 전치displacement라는 방어기제를 동원해 충격을 스스로 이해할 수 있는 불안 증상이나 더 크고 강한 주제에 대한 강박으로 변환해버린다. 그 결과 '죽음에 대한 공포'와 '뾰족한 것에 대한 두려움'이 나타난 것이다. 이는 중년기에 경험할 수 있는 다양한 불안증상 중 하나다.

분석심리학자 칼 구스타프 융Carl Gustav Jung은 중년기를 인생의 정오noon of life라고 했다. 오전 중에 중요한 일을 마치고 여유롭게 점심식사를 하며 오후를 맞이하는 사람과, 느지막이 일어나서 이제 하루를 시작하려고 기지개를 켜면서 정오를 맞이하는 사람이 하루를 바라보는 관점에는 큰 차이가 있을 것이다. 그런데 중년기를 맞이하는 많은 사람이 느지막이 일어나 할 일이 태산인 것처럼 느낀다. 지금까지 많은 성취를 이뤘음에도 아직 시작조차 못 했다고 말하는 사람도 많다. 청년기부터 그려온 자신의 목표를 향해 최선의 노력을 해왔지만, 애초의 목표를 모두 이루는 것은 현실적으로 불가능하고, 너무 이상적인 부분도 있었음을 인정해야 하는 시기인 탓이다.

정신분석가 그레테 비브링Grete Lehner Bibring은 우리가 살아가면서 품고 있던 삶의 목표인 자아이상ego-ideal과 지금 내 현실의 차이만큼 우울을 경험한다고 말한다. 청년기에는 미래를 낙관적으로 바라보며 자아이상과 현실의 차이를 노력해서 따라잡을 수 있다는 희망을 갖고 있어서, 실패를 경험해도 금방 털고 일어날 수 있다. 그런데 중년기에 접어들면 관점이 달라진다. 나에게 주어진 시간과 기회가 앞으로 많지 않고 젊을 때만큼 에너지가 넘치지 않는다는 사실을 받아들이면서, 미래를 바라보는 관점도 현실적이 되고 삶의 목표도 타협하여 설정한다. 그럼에도 나의 현재와 최소한이라고 조정한 목표 사이의 갭을 내 인생에서 메꿀 수 없다는 것을 인정해야만 한다면? 이때 느끼는 우울의 깊이는 청년기와는 차원이 다르다. 그래서

> ### 자아이상ego-ideal
>
> 죄책감과 함께 초자아를 구성하는 한 요소로, 아이가 자라는 과정에 부모를 동일시하면서 '이렇게 되고 싶다'는 이상적 목표를 내재화한 것. 죄책감이 해서는 안 되는 일을 하지 않게 제어한다면, 자아이상은 사회적으로 바람직한 행동을 하는 것, 좋은 사람이 되는 것, 좋은 직업을 갖는 것과 같은 다양한 목표를 성취하기 위해 노력하는 동기가 된다.

중년기에 우울의 늪에 빠진 사람은 공허한 마음을 달래지 못해 오래 고생하고, 자가치료의 하나로 술에 의지하기도 한다.

우울과 함께 찾아오기 쉬운 것이 바로 권태다. 청년기에는 새로운 일에 흥미를 느끼고, 목표를 성취해나가는 즐거움이 크다. 더 잘하고 싶은 욕망, 더 높은 곳을 향하려는 의욕도 강하다. 그러나 중년기에 이르면 의무와 책임감이 더 크게 다가오고, 뭘 해도 다 아는 것처럼 뻔하고 고만고만해 보인다. 뭐든 열정적으로 하려는 마음이 들지 않고 재미도 없다. 그러니 삶이 무료하다. 한마디로 사는 게 권태롭다.

한편으로 내가 정해놓은 틀이 편안하고 변화가 싫어진다. 내 기준에서 벗어나면 죄다 거슬린다. 내 눈에 들어오는 것만 좋고 그 외의 것을 보면 싫은 감정부터 생긴다. 직장에서는 표정 관리를 못 하는 까다로운 선배가, 집에서는 잔소리가 앞서는 부모가 되기 쉽다. 좋게 말하면 취향과 가치관이 완성된 것이고, 나쁘게 말하면 내가 만든 틀에 갇힌 것이다. 순수한 호기심은 줄어들고 사람을 만나거나 새로운 제안을 받아도 그 뒤에 숨겨진 맥락과 의도를 찾으려는 자신을 발견한다. 순수는 청춘에게 넘겨줬다. 어떤 계산도 없는 순수한 관계란 존재하지 않는다는 사실을 경험을 통해 깨달았고, 이를 진리로 삼는다. 새로운 관계를 만드는 것을 꺼리면서 인간관계의 폭이 줄어든다. 더는 올라갈 곳도 없고 새로울 것도 없으니 내리막만 남았다고 여기며 인생을 지루해한다. 그런 자신이 만족스러운 사람은 소수이고, 권태의 늪에서 머무르며 신경만 날카로워지는 사람이 더 많다.

그러면서 이상하게도 자신에게는 한없이 관대해진다. 완성되었다고 믿고 싶은 현재에 머물며 잘못을 해도 반성하기보다 합리화하고 변명하기 급급하다. 정당한 비판에 발끈하며 민감하게 반응하기 일쑤다. 결국 나름대로 완성된 중년기의 내 모습에 머무른다. 내게 관대한 대신 타인에게, 특히 가까운 가족이나 자녀에게 가혹해지기 쉽다. 청년이 된 자녀를 평가·비판하고 자기가 만든 잣대로 판단해 바꾸려 한다. 그런 일이 잦아질수록 자녀와 관계는 나빠지고 갈등도 빈번해진다. 사회적 관계에서도 마찬가지다. 자칫하면 주변에 남는 사람이 없어지고, 외로움과 고립이 일상이 되며 혼자만의 성에 갇혀 지내는 사람이 되어버린다.

여유로운 인생의 정오를 위한 삶의 자세

사람들은 이런 우울과 권태의 늪을 인식하면 빠져나오기 위해 애를 쓴다. 저마다 방법은 다르지만, 공통적으로 시도하는 것들이 있다. 먼저 젊어지려는 노력이다. 중년의 체형 변화, 줄어드는 머리숱, 피부의 노화를 자연스럽게 받아들이지 못하며, 조금이라도 어려 보이기 위해 관리에 힘을 쏟는다. 여러 동호회에 참여해 젊은 세대의 취향을 따라가려고 노력하기도 한다. '젊어 보인다'라는 말이 가장 기쁘고, '나이 들었다'라는 말에 모욕감을 느낀다.

자녀와도 친구처럼 지내고 싶어 한다. 서로에게 좋은 일이 될 수도 있지만, 세상으로 나아가려는 자녀에게 함께 공연을 보고 쇼핑을 하고 같은 취미를 갖고 술을 마시며 친구처럼 어울려 달라는 부모의 요구는 부담과 간섭으로 느껴질 수 있다. 안티에이징 욕구가 강한 부모일수록 자녀가 불편해하는 것을 눈치채지 못하고, 젊은 사람과 시간을 보내면 자신도 그렇게 보일 것이라고, 혹은 그런 마음이 될 것이라고 기대한다. 어른이 된 자녀와 친하게 지낸다고 자랑하듯 말하는 부모 중에서 종종 볼 수 있는 유형이다. 중년기의 위기를 극복하기 위해 갓 성년이 된 자식을 받침대로 이용하려는 것은 아닌지 고민해봐야 한다.

내 문제는 결국 내가 해결해야 한다. 이제는 청년기와는 다른 일에서 보람을 느끼고 자신을 긍정할 필요가 있다. 더 이상 스포트라이트를 받으며 전면에 나서는 것이 아니라 뒤에서 자녀, 부하 직원, 전성기를 향해 달려가는 이들을 받쳐주는 역할을 하면서 성취감을 느껴야 한다. 이런 태도가 중년의 권태와 불가피한 나이 듦이 주는 고민을 넘기게 해준다.

이때 내가 자주 드는 사례는 배우 안성기다. 1951년생인 안성기는 모두가 아는 '국민배우'다. 80년대부터 최고의 주연 배우로 활동하다가 90년대 중반에 잠시 휴식기를 가졌다. 그가 영화계에 복귀하고 나서 얼마 뒤, 놀랍게도 평생 주연만 맡았던 그가 조연으로 출연하기 시작했다. 늘 시나리오에 첫 번째로 이름이 적힌 주연 제안만 들어오다가, 40대 후반에 들어서면서 세 번째, 네 번째로 적힌 배역을 제안받았다고 한다. 처음에는 충격을 받았지만, 새로운 역할을 맡은 것이 자신에게 좋은 계기가 되었다고 한다. 스포트라이트를 한껏 받는 주연이 아니더라도, 비중이 크지 않더라도 존재감이 있는 배역은 얼마든지 있으며, 역할의 크고 작음보다 작품 자체가 얼마나 가치 있는지를 중요하게 생각하게 되었다고 한다. 그렇게 새로운 마음가짐으로 꾸준히 연기 활동을 이어왔고, 지금 우리가 기억하는 배우 안성기가 되었다. 배우로서 최선의 연기를 보여줄 뿐만 아니라 촬영장에서 감독과 스태프, 다른 배우를 배려하며 분위기를 만들어나가는 선배이자 어른으로 존경의 대상이 되었기에, 한국 영화사에 길이 남을 배우로 자리매김할 수 있었다. 만일 그가 첫 줄에 적힌 주연만 고집했다면 인생의 정오에 권태에 잠겨 지금과는 다른 모습으로 남았을지도 모른다.

중년기의 불안은 내 위치를 재조정하고 삶의 자세를 바꾸는 것으로 많이 해결할 수 있다. 삶의 재미와 행복을 얻는 방법, 관계의 깊이와 폭, 일하는 자세와 성취감을 느끼는 영역 등 많은 것을 청년기와 달리해야 한다. 그 과정에서 청소년기, 성인기의 자녀와 갈등하고 불편한 관계를 경험할 수도 있다. 그래서 인생의 정오를 맞이하는 자세에 따라 이후 20년 정도의 삶의 궤적이 크게 달라지는 것이다. 자신이 이뤄온 것을 딛고 서서 여유로운 오후를 즐기거나, 불만과 권태의 늪에 빠지거나.

노년기를 맞이하는 자세에 대하여

　요즘 진료실에서 80대 후반, 90대 초반의 부모를 모시고 온 60대 보호자분들을 자주 뵙는다. 아들이 노모의 손을 꼭 쥐고 진료실에 들어오는 모습은 보기 좋지만, 5년 후에도 모시고 다닐 수 있을지 걱정스러운 마음도 든다. 20년 가까이 같은 병원에서 진료를 하면서 치매나 우울증 등으로 내원하시는 환자뿐 아니라 그 보호자도 같이 나이 드는 모습을 보고 있다.

　60대 초반부터 70대 초반인 분들이 가장 두려워하는 것은 치매다. 특히 700만 명이나 된다는 베이비붐 세대(1955년~1963년생)가 대거 은퇴하면서 치매 평가를 받으러 병원에 오시는 분들이 급격히 늘었다. 대부분 활발하게 사회활동을 하고 특별히 문제를 겪는 것은 아니지만, 기억력이 전과 같지 않아서 깜박깜박한다고 불안해한다. 치매를 걱정하며 인지기능

평가를 하고 MRI도 찍어보지만, 대체로 평균 이상의 수치가
나오고 뇌에도 이상이 없다. 신체가 건강한데도 치매가 생겨
자기 관리를 못 하는 상황이 올까 봐 두려운 것이다. 그래서
세칭 '치매예방약'이라고 알려진 몇 가지 뇌 기능 개선제가 엄
청나게 팔리고, 검사 결과에 이상이 없어도 그 약이라도 받아
가고 싶다고 요구하는 분들이 많다.

건강한 노년의 비결은 '연착륙'이다

　활동적이고 건강한 65~75세의 '젊은 노인young old', 이
른바 '욜드YOLD'가 세계적으로 증가하는 추세다. 많은 '어른
을 키우는 어른'이 이 연령대에 해당하거나 이를 앞두고 있다.
베이비붐 세대가 '욜드'의 나이로 진입하면서 경제 수준이 중
진국 이상인 나라에서만 욜드 인구가 1억 3,000만 명이 넘는
것으로 추정된다. 이들은 '아직 경제적 도움이나 돌봄을 필요
로 하지 않는' 노년층으로, 젊고 활력 있는 삶을 사는 데 관심이
많고 바쁘게 살아오느라 제쳐두었던 버킷리스트를 이루기 위
해 노력하는 편이다. 욜드는 '성공적으로 나이 들기', '건강하고

과거에는 65세를 넘으면 노쇠하고 사회적 활동이 줄어들고 인지능력이 떨어진다고 보았지만, 수명이 전체적으로 길어지면서 이제 65세는 노년기의 초입으로 분류되고 장년기와 유사한 활동성을 유지한다고 본다. 이전 세대에 비해 더 먼 미래를 계획하고, 은퇴 후에도 바로 뒤로 물러서기보다 이전의 사회적 지위를 유지하며 사회 활동이나 경제활동에 지속적으로 참여하려는 욕구를 갖는다. 경제적 여유를 바탕으로 가족보다는 자신에게 투자하며 주체적으로 살아가려고 노력한다.

활기차게 나이 들기' 같은 슬로건을 떠올리게 하는데, 한편으로는 나이 들어 보이는 것은 좋지 않다는 역설적인 인상을 준다. 이러한 트렌드를 따르려 하다가 몸이 따라주지 않아서 괴로워하거나 몸 이곳저곳이 망가지는 일도 생긴다.

활기찬 노년기를 보내려면 연착륙이 무엇보다 중요하다. 자연스러운 노화 과정을 '이겨내야 할 대상'으로 대하지 말고 최대한 편안하게, 평화롭게 받아들여야 한다. 아무리 열심히 관리해도 40대 이후로는 근육은 줄어들고 신체는 점점 쇠퇴한다. 안전한 연착륙을 위해서는 이 시기에 일어나는 불가피한 신체적 변화를 이해하고 대비해야 한다.

노년내과 의사 정희원은 저서《당신도 느리게 나이 들 수 있습니다》(더퀘스트, 2023)에서 노쇠화를 평가하는 방법을 자세히 설명한다. 신체적·정신적으로 나이 들면서 몸이 구조적·기능적으로 고장나기 시작하고, 이로 인해 스트레스를 견딜 능력이 줄어드는 것을 '노쇠 현상'이라고 한다. 노쇠 현상으로 신체에 이상이 생긴 정도를 측정하는 것이 '노쇠 지수'인데, 100가지 기능 항목을 검사해 10가지에 이상이 생겼다면 노쇠 지수는 0.1이라고 할 수 있다. 만일 노쇠 지수가 0.25에 이르면 작은 스트레스에도 돌이킬 수 없을 정도로 신체적·정신적 기능이 떨어질 수 있다.

반대로 '내재역량'이란 이러한 노쇠 현상을 이겨낼 수 있는 능력을 말한다. 예를 들어 사람이 걷는 데 필요한 최소한의 내재역량이 0.5라고 하자. 만일 내재역량이 0.7인 사람이 있다면, 폐렴으로 2주 동안 입원해 내재역량이 0.1 감소했다고 해도 완치 후에 걷는 데 무리가 없다. 그런데 내재역량이 0.51인 사람이 똑같이 아팠다면 어떻게 될까? 폐렴을 앓고 난 뒤로 갑자기 걷기 어려워질 것이다. 걷는 것도 힘드니 근력을 유지하거나 이전 상태로 회복하기도 어려워진다. 이로 인해 점점 내재역량이 낮아져 걷기는커녕 앉는 것도 힘들어질지 모른다.

그런데 문제는 평소 별다른 문제를 겪지 않는 사람은 자신의 내재역량이 어느 정도인지 알 수 없다는 것이다. 나이가 들면서 내재역량이 떨어지는 것을 신경 쓰지 않으면, 질병이나 사고 등의 이유로 건강이 급격하게 나빠질 가능성이 높아진다. 이는 큰 어려움이 없어 보이던 중산층 가정이 가장의 실직으로 단번에 돌이키기 어려운 경제적 곤궁의 악순환에 빠지는 것과 비슷하다.

정희원 교수는 강화할 내재역량을 이동성, 건강과 질병, 마음 건강, 내게 중요한 것으로 나누었다. 시간이 흘러 나이가 드는 것, 타고난 유전자는 모두 불변의 상수지만, 생활습관 개선, 운동, 질병 예방 및 관리, 스트레스 조절 등으로 노쇠 현상의 속도를 줄이고 내재역량을 강화할 수 있다. 내재역량은 정확하게 파악하기 어려우니, 큰 문제를 겪기 전에 중년 이후부터 꾸준히 관리해야 한다. 노쇠 지수가 높아지고 내재역량이 줄어드는 것을 피할 수 없다면 그 속도를 늦춰 연착륙해야 한다. 노후 대비를 위해 국민연금, 퇴직연금, 개인연금이라는 '연금 3층탑'을 쌓는 것과 비슷하다.

자녀와의 화목한 관계는 적당한 거리감에서 온다

　심리적 측면에서는 헤어짐과 상실의 불가피함을 받아들이는 것이 중요하다. 오래 산다는 것은 많은 이를 먼저 떠나보내는 일이기도 하다. 노쇠한 부모를 보면서 곧 다가올 상실을 준비하고, 배우자나 친구의 죽음도 마주하기도 한다. 10년 넘게 함께한 반려동물의 죽음도 가치관에 큰 영향을 준다. 이러한 경험들을 통해 내게 남은 시간이 유한하다는 것을 인정하고 하루하루를 더 소중히 여기게 된다.

　그러나 상실의 경험은 반복되고 이는 노년기 심리적 불편의 주요 원인이 된다. 상실의 고통은 몇 번을 느껴도 굳은살이 배기지 않는다. 나 자신이 죽는 것도 두려운 일이지만, 애착이 형성된 소중한 존재의 상실은 그만큼 아프고 괴롭다. 죽은 사람은 말이 없다고 하듯이 홀연히 떠나가 버리지만, 살아남은 자들은 그렇지 않다. 남은 삶 동안 그 죽음을 이고 지고 가야 한다. 그래서 백년해로하는 노부부는 함께 죽는 것을 소망한다. 배우자가 먼저 떠나고 혼자 남아 고독과 상실의 아픔을 견디며 살아가는 일이 가장 두렵기 때문이다. 나이가 들어 세상살이에 깊이가 생겼다 해도 면역력이 생기지 않는 것이 바로 헤어짐이다. 그래서 어떤 이는 소중한 이를 떠나보낸 후 다른 사람이 되어버린다. 마치 생의 모든 에너지를 한순간에 잃어버린 듯이.

'젊은 노인'은 필연적으로 죽음에 대한 진지한 고민을 시작한다. 내가 죽는다는 것은 오래전부터 알고 있던 사실이지만, 어느 날 문득 실감이 나면서 파도가 문 앞에 닥쳐오듯 밀려든다. 죽느냐 사느냐가 아니라 어떻게 죽을 것인가, 죽음을 어떻게 받아들일 것인가를 두고 머리를 싸맨다. 세상에 무언가를 남기고 싶은 마음도 강해지고, 홀로 살아가면서도 품위를 잃지 않고 고독을 감내하는 삶을 받아들이려 한다.

외로움이 절실한 문제로 다가올 때 자식에게 눈을 돌리는 사람이 있다. 외로운 마음에 자식을 베스트프렌드로 삼으려 하면 부모와 자녀 모두에게 비극이 찾아올 수 있다. 매일 30분 이상 통화하고 장을 보든 밥을 먹든 취미생활을 하든 병원에 가든 모든 일상을 함께하려 하고, 자주 만나지 못하면 화를 내고 야속해한다. 진료실을 찾아와 불면과 불안을 호소한 70대 여성이 비슷한 경우였다.

"딸에게 같이 살고 싶다고 말했는데, 계속 말을 흐리더니 결국 싫다는 거예요. 너무 상처받고 실망스러워요"

결혼하지 않은 40대 딸이 전세 계약 만기일이 다가오면서 이사할 곳을 알아보고 있길래 직장도 근처이니 자신이 사는 집에 들어와 살면 어떻겠냐고 제안했는데, 고민하던 딸이 거절하고 다른 집을 계약했다는 것이다. 평소 가깝게 지내온 딸과 함께 살 것을 기대하던 여성은 크게 실망했다. 나랑 사는 것이 그렇게 싫었나 하는 설움이 사라지지 않아 화도 나고 잠도 안 오고 속이 불편하다며 나를 찾아온 것이다.

사는 이야기를 들어보니 다른 누구보다도 딸을 좋아하고, 딸과 가장 가까운 관계를 맺으며 의지하고 있었다. 종교활동이나 사회활동은 거의 하지 않았고, 형제자매나 배우자도 없어서 혼자 지내는 시간이 많았다. 그러니 딸에게 점점 의지하게 되고 딸도 시간을 내서 어머니를 챙기는 일이 많았다. 그 정도가 어른이 된 모녀에게 적당한 관계인데, 여성은 만족할 수 없었던 것이다. 나는 현실적인 조언과 희망을 함께 건넬 수밖에 없었다.

"나중에 혼자 지내기 힘들어지시면 따님이 먼저 함께 살자고 할 거예요. 그전에는 자기만의 시간을 갖고 싶다고 생각해서 지금은 혼자 지내는 게 아닐까요? 어머님이 싫거나 불편해서가 아니라, 어른이니 자기만의 삶을 온전히 누릴 시간이 필요한 거겠지요."

그 말을 들으니 조금 안심이 된다고는 했지만, 아쉬워하는 기색이 역력했다. 이분처럼 아직 혼자 생활할 수 있고 건강한 '젊은 노인'은 자식에게 의지하고 싶은 마음이 커질 수 있다. 그러나 어른으로서 감내해야 하는 외로움이 있음을 이해하고, 자신에게 주어진 유한한 시간을 생각하며 '내가 하고 싶은 일'에 좀 더 관심을 갖는 것이 중요하다. 그렇게 하루하루를 소중히 가꾸어 나가는 것이 나의 안녕뿐 아니라 어른이 된 자녀의 삶, 부모와 자녀의 화목한 관계를 위해서도 중요하다. 지금 함께 더 오랜 시간을 보내고 싶다는 바람이 바로 실현되기를 바라지만, 그 바람이 서로에게 안 좋은 결과를 초래할 때도 많다. 조금 아쉬운 정도에서 만족하려고 노력해보자. 대부분의 상황에서는 적당한 것이 좋다. 맛있는 것을 먹을 때에도 조금 모자란 듯할 때 수저를 놓는 게 최선이듯이.

불안과 실망에서 벗어나는 길: 욕망과 욕구를 구별하기

출근하는 길에 아파트 단지 앞이나 길가에 서 있는 영어유치원 버스를 심심찮게 지나친다. 버스에는 영어유치원을 홍보하는 현수막이 걸려 있는데, 한번은 이런 문구를 본 적이 있다.

"○○유치원 졸업생 김□□ 하버드대학교 입학!"

유치원으로부터 대학 입학까지는 10년이 넘는 시간이 남아 있지만, 어릴 때부터 비싼 영어유치원을 보내서라도 자녀가 성공하길 원하는 부모들에게 이만큼 효과적인 광고 문구가 있을까 싶어 감탄했다. 광고를 보는 부모는 누구나 알고 있다. 그 유치원에 다닌다고 하버드에 입학하는 것은 아님을. 그렇지만 '이왕이면' 졸업생이 하버드대학교에 입학한 유치원에 보내고 싶은 마음도 다들 있다. 혹시 알겠는가. 내 아이가 그런 환경에서 자극을 받아 정말 남들이 부러워할 대학에 입학

할지. 이러한 광고 문구를 혹시나 하는 기대의 눈빛을 바라보는 것은 부모의 욕망 때문이다.

'자녀가 잘되길 바라는 마음'은 부모의 욕망이다

영어유치원을 비롯한 조기교육에서 시작된 부모의 욕망은 아이가 자랄수록 더 커진다. 사립초등학교에 진학해 국제중학교와 특목고를 거쳐 명문대학교에 입학하길 원할 수 있다. 〈일타 스캔들〉이나 〈스카이캐슬〉 같은 드라마에서도 자녀교육에 몰두하는 부모의 모습(과도한 욕망의 추구가 불러오는 비극까지도)을 생생하게 묘사한다. 드라마의 등장인물까지도 입을 모아 '아이를 위해서'라고 말하지만 사실 대부분은 부모의 욕망을 자녀에게 투사하는 행위다.

고위공직자 자녀의 입시 비리가 논란이 될 때마다 그들이 부정한 일을 저질렀다며 치를 떠는 사람도 많았지만, 한편으로는 '자식이 좋은 대학에 갈 수 있다면 나도 그럴 수 있다'라고 말하는 사람들도 있다. 자신이 가진 자원, 인맥을 최대한 활용해 자녀를 좋은 대학에 보내려고 애쓰는 부모는 흔히 볼 수 있으니, 그들도 자신의 지위를 자녀에게 물려주려는 평범한 욕망에 충실했을 뿐이라고 여기는 것이다.

부모는 자녀가 남들보다 앞서나가길 바라며, 자녀와 한 몸이 된 것처럼 이인삼각 경기를 한다. 다른 아이들은 모두 내 아이보다 빠르게 달려나가는 것 같아 불안하고 조바심이 난다. 모두가 들어봤으나 실제로 본 적은 없는 '엄친아'라는 존재도 실은 부모의 욕망이 투사된 허상이 아닐까. 잔소리하지 않아도 공부를 열심히 하고 잘생기고 성격도 좋고 친구도 많으면서 어른에게 깍듯하기 한 그런 아이.

자녀의 성공을 위해 부모가 자기 일처럼 발 벗고 나서는 심리에는 자녀가 낙오하면 행복하지 못할 것이라는 걱정에 더해 내 인생도 경쟁에서 낙제하는 것이라는 불안과 노후가 비참해질지도 모른다는 두려움 등이 복합적으로 섞여 있다. 이런 마음은 자녀가 스무 살이 넘어 어른이 된 다음에도 사라지지 않는다. 더 좋은 대학에 갔으면 하는 바람은 대기업에 들어갔으면 하는 바람으로 이어진다. 좋은 기업에서 인턴을 하거나 워킹홀리데이나 어학연수를 다녀오거나 자격증을 따거나 공모전에 입상하는 등의 스펙을 쌓는 데 어려움이 없도록 지원한다. 조금 애가 타더라도 자녀가 스스로 인생을 풀어나가는 것을 지켜볼 수도 있겠지만, 거리를 두는 것이 너무도 어렵다. 내 욕망이 자녀를 통해 실현되기를 오랫동안 바라온 탓이다.

머리로는 '이제 다 컸으니 자기 인생은 스스로 살아야 한다'라고 생각하지만, 마음속에서는 이미 욕구와 욕망이 찰싹 붙어 있어서 생각처럼 행동하지 못한다. 욕구와 결합된 욕망의 추구가 실패할 때 오는 좌절은 욕망이 충족되지 못해 실망하는 것에 그치지 않고 생존과 직결되는 욕구까지 위협받을지도 모른다는 공포로 이어질 수 있다. 욕구가 위협받는 불안은 상당히 강렬해서 쉽게 사라지지 않는다. 그 불안에 사로잡혀 자녀 교육에 인생을 갈아 넣는 것은 의도와 달리 좋은 결말을 기대하기 어렵다.

욕구need와 욕망desire의 차이

욕구가 위협받는 불안에서 벗어나려면 욕망과 욕구의 차이를 이해해야 한다. 욕구(혹은 요구)는 영어로는 'need'에 해당하는 것으로, 의식주와 같이 생존을 위해 필수적인 것들이 충족되길 바라고 이를 얻기 위해 노력하는 행위다. 욕구가 충족되면 안전감을 느끼고, 아슬아슬한 상태에 있거나 위협을 받으면 매우 강렬한 생존의 불안을 경험한다. 욕구란 한마디로 "우리에게 빵을 달라"라고 표현할 수 있다.

한편 욕망은 욕구 다음의 주제다. 영어로는 'desire'에 해당하는 것으로, 어떤 사람, 대상, 결과에 대한 소유, 달성, 성취를 향한 열망이나 염원이다. 욕망을 달성하면 쾌락적 보상을 경험한다. 욕망은 보상회로와 연결되어 있어서 긍정적 강화를 자극하므로, 자연스럽게 더 많은 욕망을 달성하고 싶어진다.

생존에 필요한 욕구와 무관하게 새로운 경험을 추구하고 즐기는 것도 욕망과 연관된 행위다. 이는 욕망의 순기능으로, 문명의 탄생이나 중요한 발견, 발명의 밑바탕이 된다. 욕구와 연관지어 정의해보면, "어떻게 사람이 빵만 먹고 사는가"라는 말이다.

현대인의 삶의 방향은 대체로 욕망을 좇는다. 더 좋은 학교나 직장에 다니고 더 넓은 집과 비싼 차를 갖고 성공해서 돈도 많이 벌고 명예를 얻고 싶은 것은 모두 욕망의 추구다. 욕망을 억제하는 사회는 발전의 동력을 잃어버리므로 위기에 처하지만, 욕망을 무한히 긍정하는 사회 역시 위기에 처한다.

욕망을 달성하면 뇌에서 도파민이 분출되면서 보상회로

를 자극하고, 다음에는 더욱 강한 보상을 원하는 사이클이 만들어진다. 도파민 분출에 의한 쾌감은 곧 익숙해진다. 예를 들면 월급이 오르고 승진을 하면 처음에는 무척 기쁘지만 몇 달이 지나면 뻔하게 느껴진다. 더 많은 월급을 받으면서도 전과 비슷하게 기쁘거나 오히려 만족이 줄어든다. 그러다가 월급이 더 많은 사람과 자신을 비교하면서 달성할 수 없는 욕망에 허덕이거나 불만만 쌓일 수도 있다.

더 강한 보상을 원하는 욕망은 있지만 나아갈 방향이 보이지 않으면 권태, 공허함, 무료함이란 불쾌한 감정 속에 살아간다. 전보다 강한 보상을 추구하며 그보다 약한 보상을 주는 일은 가치가 없다고 여긴다. 이미 충분히 노력하고 성취하며 살아가고 있는데도 몸과 마음이 다칠 지경까지 무리할 수도 있다.

욕망의 추구에 몰두하는 사람은 주변 사람을 신경 쓰지 못한다. 타인을 그저 비교의 대상으로 여겨 그들보다 더 많이 갖고 앞서나가고 싶다는 마음만 존재한다. 타인의 욕구나 욕망도 소중하다는 것을 망각하여 인간관계가 망가지거나 폭력적으로 행동할 수도 있다. '공유지의 비극'이 일어나는 이유도 욕망의 추구와 연관되어 있다.

그토록 원하는 것을 손에 넣는다고 영원한 행복이 오는 것도 아니다. 소설가 오스카 와일드는 "삶에는 두 가지 비극이 있다. 하나는 원하는 것을 갖지 못하는 것이고, 또 하나는 원하는 것을 갖는 것이다"라고 말했다. 욕망의 추구에만 몰두하면, 욕망을 이루지 못할 때는 삶이 비극이 되고 욕망을 성취해도 주변은 이미 황폐해져버려 부상자의 신음만 들릴 뿐이다. 욕망을 향한 맹목적 전진을 멈추지 못하면, 또 다른 욕망을 목말라하는 괴물이 되어버린 자신을 발견하게 될지도 모른다.

'천천히 가도 괜찮아'라고 말할 수 있어야 한다

나와 내 자녀가 더 풍족하게 살길 바라는 욕망은 인간의 본성이며 잘못된 것이 아니다. 그러나 욕구와 욕망을 하나로 묶어서 자녀에게 투사하는 것은 문제다. 자녀가 내가 바라는 만큼 해내지 못하면 생존에 필수적인 욕구가 충족되지 않은 것처럼 심각한 불안에 휩싸이기 때문이다. 욕망 추구의 실패가 욕구 충족의 실패로 생기는 생존본능과 연관된 격렬한 불안으로 이어진 것이다. 자녀가 내가 바라는 대로 살지 못하고 있다고

욕구와 욕망

욕구		생존에 필수적인 것들(의식주 등)이 충족되길 바라는 것. 충족되면 안전감을 느끼지만, 위협받으면 생존의 불안을 느낌.
욕망		어떤 대상을 소유하거나 목표를 이루고자 하는 열망. 달성하면 보상회로를 자극해 쾌락적 보상을 경험하지만, 지나친 욕망의 추구는 권태, 공허감, 맹목을 불러옴.
욕구+욕망		욕구와 욕망을 하나로 묶어서 인지하는 것. 욕망 추구의 실패를 욕구 충족의 실패로 잘못 받아들여 생존을 위협받는 것처럼 강렬한 불안을 경험함.

해서 불안을 느낀다면, 먼저 자녀의 욕구가 충족되었는지 살펴보자. '그래도 반듯하게 자라 자기 앞가림은 잘하고 있구나. 남들에게 피해 주지 않고 성실하게 살고 있구나' 하고 자녀가 삶의 기본적 욕구를 충족하고 있는지를 파악하고 나면 한결 마음이 편해진다.

자신의 노후에 대한 욕구와 자녀의 성공에 대한 욕망이 뒤엉켜 있지는 않은지 자신을 돌아볼 필요도 있다. '아이에게 내 노년을 전적으로 맡길 필요는 없지. 그게 얼마나 큰 부담인데. 조금이라도 좋은 대학에 보내겠다고 무리하게 돈을 쓰기보단 착실하게 연금을 쌓아 아이들에게 부담을 주지 말고, 나중에 친구들과 편히 놀러 다니면서 노년을 보내자'라고 생각하며,

자녀의 성공에 대한 욕망과 노후에 대한 욕구를 분리하고 후자를 우선하자.

이렇게 욕구와 욕망을 분리하고 우선순위를 정하면 마음이 한결 평온해진다. 좋은 대학에 간 아들의 친구가, 번듯한 대기업에 취직한 친구의 아들이 전처럼 못 견디게 부럽지는 않을 것이다. 가슴에 열불이 나거나 불안과 조바심을 느껴 자녀를 닦달하거나 나의 비참한 노후와 겹쳐 보는 일도 없어진다. 이렇게 욕구와 욕망을 나눠서 바라보면 나도 자녀도 편안해진다.

욕망은 욕구가 안정적으로 충족된 후에 추구하면 된다. 욕망은 이루어지지 않아도 괜찮다고, 지금도 충분히 행복하다고 긍정할 수 있었으면 한다. 이루어지면 더 좋겠지만, 안 되어도 조금 아쉬운 정도로 가볍게 넘기자. 이 안도감은 욕망이 실현되었을 때 느끼는 짜릿한 쾌감만큼 강렬하지는 않지만, 평온하고 잔잔한 행복감을 오래 지속시켜준다.

욕망을 욕구와 분리해서 바라보면, 욕망을 적정한 양으로 통제할 수도 있다. 시기마다 달라지는 내 안의 다양한 욕망을 이해하며 욕망의 우선순위를 정하고, 내가 가진 에너지와 시간을 분배하는 것이다. 그런 여유로운 생각을 가질 때 우리는 평정심을 유지하면서 의도치 않게 타인의 안녕을 위협하는 일

없이, 행복하게 살아갈 수 있다고 나는 믿는다.

이러한 인생의 마음가짐은 어른이 된 자녀에게도 필요하다. 한창 숨 가쁘게 달려나가고 있을 때 잠시 고삐를 쥐고 발을 늦추면서 내가 욕망에 끌려가고 있지는 않은지 살피는 것이다. '보다 천천히 가도 돼. 너무 빨리 가려고 무리하지 말자'라고 스스로 되새길 수 있다면, 우리의 자녀 역시도 여유로운 마음으로 자기 인생을 살아갈 수 있다.

2장

교육, 진로, 재정 지원

마음 성장을 위한 공부도 필요하다

어떤 중년 여성이 아들과 함께 진료실에 왔다. 아들이 서울 최상위권 대학의 공과대학 3학년인데, 좋았던 성적이 엉망이 되어서 내원했다고 한다. 2학년을 마치고 무탈하게 군대를 다녀왔는데, 군대에서 동기들과 어울리면서 당구에 재미를 붙였다. 지기 싫어하는 성격이라 공부도 치열하게 했듯이 제대 후 당구에 본격적으로 빠져들었다. 당구장에서 살다시피 하니 당구장 사장님이나 단골 아저씨들과도 친해졌고, 복학한 후에도 친구들과 과제를 하기 위해 밤을 새운다고 거짓말까지 하며 당구를 쳤다. 당연한 결과지만 성적이 뚝 떨어졌고, 1학기 성적표를 받아본 어머니가 놀라서 병원을 찾아온 것이다.

아들과 이야기를 나눠보니 성적이 떨어진 것에 조금 충격받긴 했지만 우울증을 앓거나 충동조절장애 증상이 있는 것은 아니었다. 자기에게 꼭 맞는 취미를 처음 발견해서 몰두하고 있었을 뿐이다. 일종의 심리적 사춘기라고나 할까?

"그냥 재미있어요. 이렇게 재미있는 건 처음이에요. 당구를 치고 있으면 시간이 훌훌 가요. 끝나고 나서 얼마나 쳤는지 보면 너무 오래 쳐서 황당할 때도 있긴 해요. 엄마가 너무 싫어해서 거짓말을 몇 번 한 것뿐이지, 지금도 당구가 좋아요. 조절하려고 노력은 하겠지만 그만두고 싶진 않아요."

눈을 반짝이며 말하는 아들과 달리 같이 온 어머니의 마음은 타들어 간다.

"그동안 공부만 열심히 했으니 놀고 싶은 마음이 드는 것도 이해는 해요. 그런데 지금 이럴 때가 아니잖아요. 3학년이니 전공 공부도 본격적으로 시작해야 하고, 지금 학점이 떨어지면 큰일이에요. 석사부터는 유학을 보내려고 군대도 얼른 보낸 건데. 해외에서 박사하고 포닥을 하든 대기업에 취직하든 지금 이 성적 가지고는 어림도 없다고요."

누구에게나 멈춰 서는 시간은 필요하다

진료실을 찾은 어머니는 아들의 미래를 다 계획해두었고, 불과 6개월 전까지만 해도 계획은 성공하고 있었다. 단번에 명문대학교에 진학했으니 주변의 부러움을 한껏 샀을 것이다. 군대도 적당한 시기에 건강하게 다녀왔으니 지금처럼만 열심히 공부하면 완벽했다. 그런데 갑자기 아들이 당구에 빠지면서 계획이 어그러진 것이다. 처음 당구를 가르친 사람이 누군지 캐묻고 다시는 보지 말라고 다그치고 싶다. 군대를 나중에 보냈어야 했나 하는 후회마저 든다. 처음에는 스트레스를 풀 취미를 찾아 다행이라고 생각하면서 용돈도 넉넉하게 줬는데, 중고등학생 때 게임에도 빠져본 적 없는 아들이 이렇게 당구에 빠져 정신을 못 차릴 줄은 몰랐다.

아들은 정신과에서 치료를 받을 이유가 없는 상태였다. 호기심이 활활 타오르는 청소년기의 마음 상태가 뒤늦게 찾아왔을 뿐이다. 탐색과 실패, 호기심과 시도의 시기는 누구에게나 필요하고 언젠가 한 번은 찾아온다. 질릴 때까지 해보고 덧없다는 생각이 들거나 심리적 포만감이 차오르면 예전으로 돌아올 것이다. 다만 성인기에 사춘기의 반항아처럼 부모에 대한 반항심이 들고 이제야 자율성을 지키려는 마음이 싹트는 것은 문제라면 문제일 수 있었다.

당구에 몰두하는 것은 공부로는 충분한 성취를 이루었지만 탐색의 경험이나 사회적으로 성숙할 기회가 부족했던 것을 뒤늦게나마 쫓아가려는 모습이기도 하니, 아들의 선택과 행동을 응원하고 지지할 필요도 있다. 하지만 부모의 눈에는 쓸데없는 일에 빠진 것으로 보일 뿐이다. 고작 당구 때문에 확 뒤처지는 건 아닐지 걱정스러울 것이다. 그런 어머니의 불안을 먼저 누그러뜨려야 했다.

"어머님, 만약 아드님이 고3 때 당구에 빠졌으면 어땠겠어요. 그때 지금처럼 반년을 보냈다면 지금 다니는 대학교에 입학할 수 있었을까요? 아마 힘들었겠죠. 지금은 남들이 부러워하는 대학에 일단 진입한 상태니, 너무 걱정하지 마세요. 한 학기 성적이 좀 낮으면 어때요? 취업하려면 어디든 할 수 있는 학과이고, 대학원 진학에 문제가 생길 정도도 아닙니다. 지금 아드님에게 억지로 당구를 그만두게 하면 더 큰 문제가 생길 수도 있어요."

언뜻 낭비처럼 보이는 방황과 탐색의 시간도 심리 발달에 필요한 것이라는 설명을 덧붙이고 나서야 어머니의 표정이 조금 부드러워졌다. 그러나 얼른 당구를 끊게 만들고 다시 계획해둔 트랙에 올라타길 바라는 마음은 변함이 없어 보였다.

아들은 한두 달 안에 예전으로 돌아올까? 그런 사람도 있겠지만 내 경험상 적어도 반년이나 1년 정도는 필요하다. 성장하는 과정에 일탈의 경험은 필요하다. 버락 오바마 미국 전 대통령은 딸들이 대학에 합격했을 때 1년 동안 입학을 유예하고 해외 봉사와 여행을 다니게 했다. 이를 갭이어gap year라고 하는데, 대학에 입학하기 위해 오랫동안 노력한 만큼 잠시 트랙에서 벗어날 기회를 주는 것이다. 숨 가쁘게 앞으로만 달려가는 것이 아니라 잠시 멈춰 서서 자기만의 시간을 가지면 이후의 대학생활을 위한 좋은 쉼표이자 경험이 되기에 미국 등의 나라에서는 많은 가족이 이를 선택하고, 입학 유예를 허가하는 학교도 많다.

'공부 중독 사회'의 비대칭을 회복하는 시간

현대사회는 변화의 속도가 점점 빨라지고 미래의 불확실성이 커지고 있다. 변화에 재빠르게 적응하지 못하면 도태될 것이라는 불안도 증가하고 있다. 그런 사회에서 살아남기 위해 재산, 학력, 직업 모든 것이 조금씩 나아지는 방향을 지향하는 것은 좋은 선택이다. 그래서 차근차근 계단을 오르듯 위로 나아가는 삶만을 올바르다고 여기는 사회 분위기도 생겨났다.

아들이 열심히 공부해서 좋은 대학에 들어갔지만 어머니의 마음이 편안하지 않은 이유도 여기에 있었다. 앞으로 세상이 더 변화하기 전에 부모가 알고 있는 최선의 방법으로 더 좋은 직장에 취직시키고 안정적인 사회적 지위를 얻게 하고 싶은 것이다. 이를 위해선 계획을 완수하는 것이 최우선이어서, 한 가지 목표를 달성한 자녀가 관심을 다른 데로 돌리는 것이 보이면 이렇게 말한다.

"지금 그러지 말고 ○○하고 난 다음에 해."

그런데 부모의 말하는 ○○을 해내고 나면 그다음 ◇◇이 기다리고 있다. '성공한 삶'은 결코 완성된 형태로 존재하지 않는다. 한 봉우리에 오르면 그보다 높은 다음 봉우리를 향해 누군가 앞서가고 있다. 정상에 올랐다는 성취감을 만끽하며 조금은 쉬고 싶은데, 앞서가는 사람을 가리키며 '일단 저기까지 오르고 쉬자'라고 등을 떠민다. '그건 ○○하고 난 다음에 해'란 말이 사람을 지치게 하는 이유다.

개인뿐 아니라 우리 사회는 눈앞의 더 높은 봉우리에 오르기 위해 쉴 새 없이 달려왔다. 발전을 향한 맹목적인 전진 덕분에 우리 사회는 엄청나게 발전했다. 국토가 초토화되는 전쟁을 치르고도 70년 만에 인구 5천만 명 이상인 국가 중에서 1인당 국민 소득이 3만 달러가 넘는 7개 국가 중 하나가 되었다.

눈부신 속도로 발전했지만 그만큼 부작용도 나타났다. 그중 심각한 문제는 온 국민이 자녀교육에 매달리는 '공부 중독 사회'가 되었다는 점이다. 사람들은 열심히 공부해서 상위권 대학교에 진학하고 좋은 직장에 취직해서 괜찮은 아파트를 장만하고 자가용을 몰며 종종 해외여행도 다닐 수 있는 중산층의 삶을 열망했고, 경제가 급속도로 발전하면서 실현할 수 있는 목표가 되었다. 중산층이 된 부모는 자녀도 중산층을 유지하길 바랐고, 중산층이 되지 못한 부모는 자녀가 중산층에 진입하길 바랐다.

그로 인한 결과는 '집중육아'였다. 소득 수준이 높은 OECD 국가의 특징 중 하나는 아이를 적게 낳고 온 가족이 양육에 집중한다는 것이다. 중산층 가정에서 보이는 과도한 교육열은 한국만의 특이한 현상이 아니다.

다만 모두가 육아에 집중해도 상위권 대학교, 안정적인 일자리, 소득이 보장되는 자격증의 숫자는 제한되어 있다. 그런데 경쟁이 치열해질수록 들어간 돈과 시간과 노력에 비해 성과는 거꾸로 작아진다. 이렇게 노력해도 남들보다 조금밖에 앞서지 못했다는 생각에 마음은 계속 조급해진다. 내로라하는 대학교에 들어간 아들이 당구에 빠진 것이 앞날을 좌우하는 심각한 문제라고 여길 정도로.

우리 사회는 공부에 대해 큰 오해를 하고 있다. 공부란 대학 진학이나 자격증 취득을 위해 책상에 앉아 시험문제를 잘 푸는 것만이 아니다. 공부는 크게 두 가지로 나뉜다. 하나는 세상의 정보를 외우고 조직화하여 내 지식으로 만드는 전통적 학습이고, 다른 하나는 전통적 학습을 중시하는 공부 중독 사회가 간과하는 경험을 통한 공부다. 운전, 요리, 악기 연주처럼 몸으로 부딪쳐 시행착오를 겪으면서 새로운 것을 내재화하는 일이다. 자동차 메뉴얼을 암기하고 100권의 요리책에 통달하더라도 차를 운전하거나 맛있는 요리를 만들 순 없다. 운전대에 앉아 핸들을 잡고 주방에서 칼을 쥐어 직접 해봐야 운전과 요리가 무엇인지 알 수 있다. 이러한 경험을 통한 공부로 얻을 수 있는 것에는 사회성도 포함된다.

지금의 공부 중독 사회는 전통적 학습만 비대해진 반쪽짜리 사회다. 경험을 통한 학습은 제대로 받지 못한 채로 어른이 되는 사람이 늘어나고 있다. 그렇기에 당구에 푹 빠져버린 이 대학생이 나는 안타깝기보다 지금이라도 자기발달 과정을 밟기 시작한 것으로 보여 대견했다. 친구들과 점심값을 걸고 당구를 치는 것도, 당구장 사장님이나 단골 아저씨들과 소통하는 것도, 좋아하는 일을 하려고 부모에게 거짓말을 하는 방법도 전통적 학습으로는 배울 수 없는 일이다.

부모는 그런 아들의 모습이 아쉬워 보이고 뒤처지는 것 같아 불안할지도 모르겠다. 그러나 3년 후, 5년 후에 돌아보면 그때가 바로 지식을 쌓는 공부와 마음과 세상에 대한 공부가 균형을 잡아나가는 시기였음을 이해할 수 있을 것이다. 끊임없이 다음 봉우리를 가리키며 등을 떠미는 세상에서 잠시 멈춰 서서 지나온 길을 돌아보거나 주변 풍경을 감상하는 것은 정신이 건강해지고 마음이 성장하는 특별한 비타민을 챙겨 먹는 일이다.

자녀가 내가 원하는 대로 행동하고 목표를 이뤄나가지 않는다고 화내거나 너무 속상해하지 말자. 생각해보면 나 자신조차 내가 원하는 존재가 되기 힘들지 않은가.

대학 등록금 대신
사업자금을 달라고 한다면?

윤수 씨는 요새 아들만 보면 속이 탄다. 손에 꼽는 대학은 아니더라도 괜찮은 대학에 들어갔는데, 입학하자마자 학교가 재미없다고 매일같이 투덜거렸다. 적응할 시간이 필요한가 보다, 전공 공부가 어렵나 보다 하고 매번 잘 달래주었다. 1학년을 마치고 쉬고 싶다며 휴학을 하더니, 복학할 때가 되자 학교에 돌아가느니 자퇴하는 게 낫다고 주장하기 시작했다.

"대학은 이미 레드오션이고 학위 장사하는 곳에 불과해요. 어차피 좋은 회사 들어가려고 졸업장을 받는 건데, 요즘 세상에는 회사 말고도 좋은 기회가 얼마나 많은데요. 이젠 좋은 회사에 들어간다고 평생직장처럼 다닐 수 있는 것도 아니고, 회사 다니면서 부지런히 돈 모아봐야 내 집에 살기도 어렵잖아요. 대기업 다니는 사람보다 좋은 사업 아이템으로 창업하는 사람이 훨씬 잘 벌어요. 어중간한 대학에 다니느니 빨리 사업을 시작하고 싶어요. 등록금 꼬박꼬박 내면서 대학 다니는 게 오히려 낭비인 시대 같아요."

휴학하는 동안 청년 창업에 관한 다양한 유튜브 영상을 보고 SNS에서 모집하는 창업 관련 강의와 모임을 꾸준히 다니더니 아들의 무료하던 눈빛이 확 달라졌다. 요즘은 무인 매장이 대세라서 목 좋은 곳에 아이스크림 가게 서너 개를 차려 월에 1,000만 원을 버는 사람도 많고, 누구는 학원가에 스터디 카페를 차리고 아침저녁으로 매장 관리만 하면서 월에 500만 원은 번다면서, 고생하면서 회사 다니는 게 뭐가 좋은지 모르겠다고 한다. 대학에 다니면서 취업을 하려면 등록금에 자격증에 수천만 원은 들 텐데, 그 돈을 창업 자금으로 달라고 아우성을 치기 시작했다.

윤수 씨는 철없는 소리 말라며 거절했는데, 그때부터 부자 간의 대화가 단절되었다. 다음 학기에 복학하라고 설득해봐도 아들은 말끝을 흐린다. 공무원으로 30년을 살아온 윤수 씨는 창업에 실패한 친구들을 봤기에 아들의 생각이 위험천만해 보였다. 착실하게 공부하다가 가끔 학원을 빼먹는, 평범하게 성실한 아이였는데 왜 이렇게 된 걸까? 윤수 씨는 자신이 아들의 장래를 막아서는 것은 아닌가 고민이 들면서도 큰돈을 들여 창업했다가 실패하면 뒷감당을 어떻게 해야 하나 하는 불안에 이러지도 저러지도 못하고 있다.

달라진 자녀 세대의 선택 기준을 이해하자

윤수 씨 아들의 발상이 유별난 것이 아닌 시대다. 부모 세대가 보기에는 복권을 사서 일확천금을 노리는 것만큼이나 허황되어 보이지만, 실제로 대학을 나오지 않고 자기 사업을 일찍 시작해 많은 돈을 벌면서 사업을 안착시킨 청년들이 꽤 있다. 과거에도 그런 사람들은 있었지만, 지금처럼 SNS를 통해 널리 알려지지는 않았다. 자기과시의 특성이 강한 SNS에서는 주로 화려한 성공담이 돌아다니므로, 누구나 착실하게 준비해서 창업만 하면 성공할 수 있다고 착각할 수 있다. 게다가 SNS에는 사업이 아니더라도 주식, 가상화폐(코인) 등으로 수익을 올리며 '경제적 자유'를 달성했다는 류의 계좌인증도 줄을 잇는다. '열심히 일해도 내 집 마련조차 어렵다'라는 인식이 사회적으로 팽배해 있으니, 성실하게 회사를 다니는 것을 비관적·냉소적으로 바라볼 만한 분위기인 것은 인정한다.

하지만 여기서 간과하고 있는 것이 있다. 창업과 투자를 했다가 실패한 더 많은 사람은 SNS에 그 사실을 올리지 않는다는 것이다. SNS에는 성공한 소수의 이야기만 보인다. SNS를 보면 '늦기 전에 올라타야 한다'는 마음만 강해진다. 그렇게 남들의 성공한 모습에만 사로잡혀 조급하게 시작하면 실패할 경우를 대비하지 못한다.

그렇다면 윤수 씨는 아들의 선택을 지지해야 할까, 말려야 할까? 인생의 선택에는 정답이 없다. 출발선에 선 누구나 최선의 선택을 하고 싶지만, 무엇이 최선이었는지는 시간이 흐른 뒤에 알 수 있다. 그러니 최악이나 차악이 될 수 있는 것들을 신중하게 걸러내고 마음이 가는 방향을 선택하는 것이 차선, 혹은 최선이 될 수도 있다. 부모는 어떠한 위험도 없는 이상적 최선이 존재하지 않는다는 것을 알지만, 자녀에게는 좋은 것만 가득한 선택을 하게 해주고 싶다. 그 선택을 판단하는 기준은 부모의 경험이다. 만일 사회가 향후 50년쯤 안정된 상태로 변화하지 않는다면 부모가 자신의 경험을 바탕으로 내린 선택은 꽤 괜찮은 선택일 확률이 높다. 그러나 현대사회는 점차 빠른 속도로 변화하고 있다. 자녀가 살아갈 미래는 부모가 살아온 과거와는 완전히 다른 세상이 될 수 있는데, 부모의 선택을 따르라고 한다면 어떻게 될까? 자녀에게 위험한 선택을 권할 수도 있다. 그래서 자식의 주장에 무작정 반대만 하기 어렵고, 혼란한 마음은 커진다.

자녀가 자신의 미래를 본격적으로 그려나가는 시점에는 하나하나 생각을 풀어보는 것이 필요하다. 1980년대까지만 해도 대학 진학률은 30% 내외였고, IMF 이전까지만 해도 상위권 대학을 나오면 대기업에 취직하는 것이 지금만큼 어렵지 않았다. 국내에서든 유학을 가서든 박사 학위를 취득한 이들도 많은 수가 교수가 될 수 있었다. 이런 성공의 경험을 공유하는 부모 세대는 좋은 대학이 안정적인 삶의 보증 수표라고 믿는다. 그러나 IMF 이후로 점점 정규직 일자리가 줄어들고 양극화가 심해지면서 대기업과 중소기업, 정규직과 비정규직의 임금과 안정성의 격차는 메꾸기 힘든 수준으로 벌어졌다. 부모가 경험한 '안정적인 직장'에 들어가려는 경쟁은 더욱 치열해졌고, 좋은 대학에 입학하는 것은 다음 경쟁의 시작점이 되어버렸다.

최상위 대학을 다녀도 취업이 보장되는 것이 아닌 시대이니, 소수의 취업 특성화 학과를 다니는 것이 아닌 이상 대학 진학과 졸업을 비효율적인 투자라고 판단할 수 있다. 취업하려면 졸업까지의 학자금에 스펙을 쌓는 돈까지 써야 하니, 인풋 대비 아웃풋이 무척 떨어지는 일이 되었다. 대학은 오로지 취업을 위한 공간은 아니고, 젊음과 낭만을 즐기고 세상에 대한 경험을 넓힐 수 있는 곳이라고 말하기엔 청년 세대의 경쟁은 부모의 상상 이상으로 치열하다. 그러니 전문직 취업이 보장된 의대에 입학하기 위해 초등학생을 의대 입시반에 보내는 시대가 온 것이다.

심지어 입학을 위해 어느 시기보다 치열한 경쟁을 벌이는 의대에서도 부모 세대와는 다른 큰 변화가 일어나고 있다. 전공의 생활이 워낙 힘들고 급여도 낮다 보니, 인턴 과정만 마치고 피부과나 성형외과 일반의로 취업하는 졸업생이 늘어나고 있다. 월급도 상당한 데다 몇 년 정도 경험을 쌓으면 개업도 가능하다. 자녀를 의대에 보낸 부모는 자녀가 의대 교수가 되든 개업의가 되든 당연히 전문의가 될 것이라고 생각했겠지만, 지금 의대 졸업반 학생들은 다른 선택을 하고 있다.

자녀가 '비교의 덫'에 빠지지 않도록 도와주자

그렇다면 부모 세대가 따라가기 어려운 자녀 세대의 일은 자녀에게 맡기는 것이 해답일까? 대학 등록금을 취업 자금으로 달라는 자녀를 응원해줘야 할까? 자녀가 최악을 선택하는 것은 막을 수 있도록, 부모의 인생 경험을 바탕으로 창업의 위험성을 충분히 조언하는 것이 우선이다. 그런데 자녀가 부모의 현실적인 조언을 무작정 거부하고 장밋빛 미래만 그리려 한다면 '비교의 덫'에 빠진 것은 아닌지 살펴봐야 한다.

'비교의 덫'에 빠지는 주된 원인은 바로 SNS다. 자녀 세대는 SNS를 통해 사람들과 교류하고 자신에게 필요한 다양한 정보를 찾는다. 맛집이나 여행지 정보부터 부모 세대가 뉴스를 통해 파악하는 사회적 사건·사고, 정치적 이슈 등 세상 돌아가는 이야기까지 SNS를 통해 접한다. 그런데 SNS에는 자주 검색하는 정보, 알고리즘에 의해 특정한 방향의 정보만 보인다. 이를 필터 버블filter bubble이라고 하는데, 이 때문에 SNS를 통해 세상을 바라보면 실제 세상과는 다른 모습을 한, 편향된 정보가 만들어낸 세상에 갇힐 수 있다.

SNS는 주로 자신의 가장 빛나는 부분, 남들이 부러워할 만한 것들을 주로 전시하는 공간이기도 하다. 매일 SNS에 접속해 남들의 행복한 일상, 잘 나가는 모습을 접하다 보면 나의 삶은 초라해 보인다. 나만 힘들게 살아가고 다른 사람은 모두 행복하다는 착각에 빠진다. 게다가 행복하기 위해서 갖춰야 할 물질적 조건, 사회적 지위, 외모의 기준 같은 것도 하염없이 높아져 내가 감당할 수 있는 수준을 넘어선다. SNS를 많이 사용할수록 나를 불행하게 만드는 자극에 많이 노출되는 것이다. 실제로 2023년 정보통신정책연구원에서 발표한 보고서에 따르면, 10대와 20대는 SNS 사용 시간이 적은 집단보다 긴 집단에서 삶의 만족도와 자아존중감이 낮았다.[1] 2022년 미국 아칸소대학교·오리건주립대학교·앨러배마대학교 공동 연구진이 18~30세 성인 남녀를 대상으로 실시한 연구에서도 SNS 사용 시간이 긴 집단에서 우울증 발병 확률이 최대 2배나 높았다.[2] SNS 사용이 삶의 만족도, 자아존중감, 우울에 부정적인 영향을 미친 것이다.

타인과의 비교가 항상 나쁜 것은 아니다. 비교는 인간 행동의 중요한 추동 요인 중 하나다. 나보다 잘하는 사람을 보면 분발하고, 나보다 못하는 사람을 보면 안전감을 느끼는 것은 인간의 본성이다. 적당한 열등감, 부러움, 질투는 그런 의미에서 '부드러운 자극제'가 되어 긍정적인 동기부여를 한다.

그러나 SNS에서 경험하는 비교는 '부드러운 자극제'로 작용하기보다는 잘못된 환상을 심어줄 수 있다. SNS를 통해 행복의 기준을 세운 자녀는 특정한 방향으로 걸러진 정보를 바탕으로 미래를 구상하거나 'SNS 속 모든 사람의 장점'을 모아 둔 인생을 계획하려 할지도 모른다. 실제로 그런 인생을 사는 사람이 존재할까?

심리학자 토드 로즈는 저서 《평균의 종말》(21세기북스, 2021)에서 다음과 같은 일화를 소개한다. 1940년대 미국의 유명한 산부인과 의사 로버트 디킨슨과 조각가 에이브람 벨스키는 젊은 성인 여성 1만 5,000명의 신체 치수를 측정해 평균값을 냈다. 그 값을 바탕으로 '노르마'란 조각상을 만들고는 그것이 진정한 아름다움의 기준이라고 생각했다. 급기야 살아 있는 '노르마'를 찾는 콘테스트를 열었는데, 3,800여 명의 참가자 중 9가지로 정리한 '노르마'의 치수를 맞춘 사람은 한 명도 없었다. 기준을 9가지에서 5가지로 줄여도 이와 일치하는 참가자는 40명도 되지 않았다. SNS에 올라오는 화려한 순간들도 이와 비슷하다. 그것들이 모두 필요하다고 생각하는 순간, 이룰 수 없는 목표가 생기면서 헤어나올 수 없는 '비교의 덫'에 빠진다.

자녀가 '비교의 덫'에 빠졌다면 함께 현실에 발을 붙이는 연습이 필요하다. 부모와 자녀가 지금 갖고 있는 것, 원하는 것, 가질 수 있는 것에 대해 이야기하고, 이룰 수 있는 목표를 세우고 성취해나가는 기쁨을 알려주자. '비교의 덫'에 빠지면 불가능한 목표를 세우고 좌절하기를 반복하다가 현재의 나를 싫어하고 부정하게 될지도 모른다.

부모는 함께 도전하는 것이 아니라 안전망이 되어주는 사람이다

부모와 함께 충분히 고민하고 도전을 선택한 자녀를 지원해서 좋은 결과를 얻을 수도 있지만, 부모는 자녀 세대와 부모 세대의 차이나 혹시 모를 위험에 대한 안전 장치 등 몇 가지를 고려하여 신중하게 판단을 내려야 한다.

20대는 도파민에 대한 반응성이 좋아서 예상되는 위험에 위축되고 신중해지기보다 큰 이득과 보상을 바라보며 도전을 선택하는 데 주저하지 않는 생물학적 특성을 갖는다. 그런데 청년 창업과 같은 도전은 결코 쉬운 일이 아니다. 사업은 예측 불가능성이 높고 조절 가능성이 낮다는 점에서 직장에 다니는 것에 비해 스트레스가 높은 행위이며, 실패로 인한 부담도 큰 선택이다. 부모 세대는 사업을 하는 스트레스와 위험성을 자녀보다 자세히 알고 있다. 게다가 50대 이상이 되면 20대보다 보상에 대한 도파민 반응성이 떨어지면서 안정적인 선택을 내리게 된다. 여기에 더해서 개인의 가치관이나 경험과 연령에서 오는 차이로 인해 자녀와 부모는 다른 태도를 취하기 쉽다.

그러나 스무 살이 넘은 청년이 충분히 고민하고 간절히 원하는 일을 하려 한다면, 부모는 애가 타고 걱정이 되더라도 그 선택을 강제로 막을 수는 없다. 위험하다고 아무리 말해도 직접 다쳐보지 않으면 알지 못하는 것도 있다. 다만 부모는 자녀가 돌이킬 수 없는 데미지를 입는 것만은 예방할 수 있는 방법을 제안했으면 한다. 마치 오토바이를 타려는 아이에게 "반드시 헬멧은 써라"라고 말하는 것처럼 대학을 자퇴하는 것이 아니라 상황이 달라지면 복학할 수 있도록 최대한 길게 휴학원을 내서 여지를 남겨두는 것이다. 자녀는 그게 다 무슨 소용이 있냐고, 묻어둔 등록금도 아깝다고 할 수 있겠지만 위험을 예방하는 일에는 타협하지 않는 편이 좋다. 꼭 필요한 보험을 드는 것은 낭비가 아니다.

그리고 부모의 돈을 맡겨둔 자기 돈처럼 쓰려는 것은 단호하게 막아야 한다. 사업을 한다면 자녀가 직접 번 돈으로, 책임도 자신이 진다는 마음으로 하게 해야 한다. 부모의 노후자금이나 만일의 상황을 대비한 여윳돈으로 사업을 시작하는 것은 옳지 않다. 자칫하다간 부모와 자녀가 함께 위험한 구렁텅이에 빠질 수 있다. 자녀가 성인으로서 책임감 있는 선택을 내리는 것이라면 적어도 독립적으로 경제활동을 해야 한다. 결혼자금이든 등록금이든(심지어 유산이든) 어차피 자신에게 줄 돈인데 미리 주면 안 되느냐고 따진다면, 그건 사업을 위해 모아둔 돈이 아니라고 대답하시길 바란다. 그 돈은 자녀가 대학을 졸업하거나 결혼하는 것을 기대하고 모아둔 부모의 돈이지, 자녀가 마음대로 쓰라고 모아둔 돈은 아니라는 것을 분명히 하자. 서운해할 수 있지만 불필요한 갈등을 피하고 감정의 앙금이 생기지 않도록 확실하게 말해야 할 이야기이기도 하다.

자녀가 최소한의 안전장치를 마련하고 부모에게 손을 벌리지 않고 자신의 일에 도전하는 것이라면, 애가 타고 조마조마하겠지만 그 선택을 존중하고 응원할 수 있으면 좋겠다. 부모가 할 수 있는 현실적 최선은 도전하는 자녀에게 충분한 조언을 건네고 만일의 사태에 대비하는 안전망이 되어주는 것이다.

'공부 중'이란 푯말이란 프리패스,
대체 언제까지?

"어머님, 정우 씨는 오늘도 같이 안 왔나요?"

"아침만 해도 간다고 했는데, 갑자기 방에서 나오질 않네요. 어떡하죠, 교수님."

20대 중반의 정우 씨는 1년 넘게 기력저하, 우울증, 그리고 숨 쉴 때 답답하고 자꾸 몸 여기저기가 불편하다는 증상으로 내게 진료를 받고 있다. 대학교 4학년 1학기를 마치고 1년 휴학했다가 복학했는데, 한 달 전부터 학교에 진단서를 내고 다시 휴학했다. 오늘은 2주에 한 번 있는 진료일인데, 휴학계를 낸 이후로 찾아오지 않았다. 당일에 마음이 바뀌었다며 어머니에게 가지 않겠다고 통보한 것이다.

어머니는 처음에 아들의 몸에 이상이 있는 줄 알았다. 그러나 온갖 검사를 해봐도 결과는 모두 정상이었다. 이후 나를 찾아와 우울증을 진단받고 치료를 시작했다. 취업 준비를 위해 휴학을 선택한 정우 씨는 취업 스트레스에 시달리고 있었는데, 치료를 받으며 차츰 상태가 좋아져 복학하기로 결심했다. 그런데 마음을 다잡고 복학하자마자 다시 스트레스가 극심해진 모양이다. 방문을 굳게 닫고 있어서 안에서 무얼 하는지조차 모르겠으니 어머니는 계속 답답할 뿐이다. 그저 건강하게 지내며 대학교를 졸업하고 적당한 일자리를 찾았으면 좋겠는데, 그 바람마저도 정우 씨는 무겁게 느끼고 있는 듯하다.

4년제 대학을 4년만 다니는 사람이 희귀한 시대다. 많은 대학생이 정우 씨처럼 휴학하거나 졸업을 유예하고 1~2년은 취준생 생활을 하거나, 그보다 길게 전문 자격증이나 공무원 시험을 준비한다. 여전히 대학 졸업장에는 '이제 나는 내 앞가림을 해야 하는 어른이다'라는 상징적 의미도 있고, 졸업예정자를 선호하는 기업도 있어 스스로 돈을 벌기 전까지 최대한 졸업을 유예한다. 취업하지 못한 채 어쩔 수 없이 대학을 졸업한 사람들은 점점 취업 시장에서 경쟁력이 떨어지니 불안함에 유학이나 대학원을 선택하기도 한다.

취준생은 초·중·고등학생, 대학생의 연장선에 있는 단어다. 아직 무언가를 준비하고 공부하는 상태다. 이외에도 공시생, 행시생, 언시생 등 직업을 갖기 위해 노력하는 사람들을 우리는 학생과 유사한 존재로 바라본다. 덕분에 정말 학생처럼 가족이나 사회로부터 '독립 유예권'을 획득할 수 있다. 그러나 취업을 위한 스펙 경쟁에는 완성이 없고 각종 시험의 경쟁률은 만만치 않으니 이러한 '공부 중' 푯말을 붙이는 기간은 점점 길어지고 있다. 그런 면에서 '공부 중' 푯말은 암묵적으로 책임과 의무로부터 자유로울 수 있는 일종의 '프리패스권'으로 이용되고 있다.

한편 부모 입장에서는 답답할 따름이다. 대학 4년만 지원하면 끝날 줄 알았는데, 더 좋은 학교로 가기 위해 반수나 편입을 하거나 복수 전공을 하면서 등록 학기가 늘어나고, 휴학하는 동안에도 워킹홀리데이나 어학연수를 가거나 학원·대외활동 등으로 바빠서 만만치 않은 비용이 드는 데 멈출 수 없으니 말이다. 그렇게 졸업시켜놨더니 이제는 취준생, 공시생, 대학원생이다. 도대체 언제 끝나는 걸까? 어깨는 무겁고 한숨은 나오고, 부모도 지치지만 자식이 공부를 한다고 하니 마음은 한없이 약해진다. 자녀의 마음속에 깔려 있는 심층 심리를 들여다봐야 할 시점이다.

'공부 중' 푯말 뒤에 숨겨진 자녀의 속마음

'공부 중'이라는 푯말은 자녀가 부모에게 말하기 가장 좋은 유예권이다. 좋아하는 일을 직업으로 삼거나 번듯한 직장을 갖고 싶은 마음은 있지만 사회로 나가는 일은 부담스럽고 두려운 일이다. 그런데 '공부 중' 푯말을 달고 있으면 부모가 생활을 책임져주고 자신을 돌봐주기까지 한다. 부모도 자녀가 단단한 기반을 갖고 사회로 나갈 수 있길 바라니 최대한 시간을 주고 싶다. 기약 없이 기다리고 받쳐줄 수 없는 부모는 초조하고 불안하겠지만, 자녀는 선뜻 '공부 중' 푯말을 떼고 싶지 않다. 여기에는 어디서 시작하느냐에 따라 평생 극복할 수 없는 격차가 생길 수 있다는 불안도 한몫을 한다.

사회에 첫발을 내디딜 때 생긴 격차를 극복하기 어렵다는 것은 이미 연구로 어느 정도 증명된 사실이다. 예일대학교 교수 리사 칸은 〈전국 청소년 추적조사〉를 바탕으로 1979년부터 1989년 사이 대학을 졸업한 백인 남성을 20년간 추적 조사했다.[3] 불황기에 안 좋은 조건에서 직장 생활을 시작한 사람은 호황기에 좋은 임금을 받고 직장 생활을 시작한 사람과 격차를 줄이지 못했으며, 최대 20%의 임금 격차를 보였다. 시작의 여파가 20년간 이어진 것이다. 우리나라에서도 유사한 조사가 있었다. 2019년 한국은행이 발표한 자료에 따르면 자신의 학력보다 낮은 최종학력을 요구하는 일자리에 취직한 경우(가령 4년제 대학교 졸업자가 고등학교 졸업자 채용 공고에 지원해 합격하는 경우), 76.1%가 3년이 지난 후에도 비슷한 일자리에 종사하는 것으로 나타났다.[4] 최종학력과 임금수준이 비례한다는 것을 감안하면, 시작할 때 생긴 격차를 이후에도 극복하지 못한 것이다. 그러니 어떻게든 조금이라도 조건이 좋은 곳에서 사회생활을 시작하려는 마음이 드는 것은 당연하다. 첫발을 떼는 것이 두려워질수록 '공부 중' 푯말에 안주하고 싶은 마음은 커진다.

한편 취준생, 공시생의 공부는 직업을 얻기 위한 과정으로서의 공부지만, 방어적 측면으로 보면 자신의 마음을 보호하기 위해 출구로 나가지 않고 과정에 머무르려 하는 것이다. 분명 무언가 준비를 하고 있다고는 말하는데, 딱히 시험을 치르는 것도 아니고 결과를 가져오지도 않는 경우도 있다. 그저 공부하고, 준비하고 있다. 자격증 시험이나 공무원 시험, 혹은 채용 공고에 지원하는 일은 모두 냉정하게 자신의 실력을 검증받는 일인데, 검증 과정이 두려워 '공부 중' 푯말에 안주하는 것이다. 이는 자기애narcissism가 강한 20대에게서 자주 볼 수

자기애narcissism

자신을 그 무엇보다 소중하게 여기는 것. 자기 자신을 사랑하는 마음은 발달 과정에 자신을 지켜주며 삶의 동력이 된다. 그러나 자신에게만 몰두하면 타인이 살피거나 공감하지 못하면서 관계에 어려움이 생기고, 지나친 이기주의로 이어질 수 있다.

있는 광경이다.

정신분석가 데이빗 엘킨드David Elkind는 청소년 자기애의 특징 세 가지를 제시했다. 뭐든 자신이 해낼 수 있다고 느끼는 전능감omnipotence, 아무도 나를 이해하지 못할 것이고 나는 유일한 존재라고 여기는 독창성uniqueness, 그리고 나는 절대 부서지거나 망가지지 않을 것이라는 믿음invulnerability이다. 성장하려면 자기애에 흠집이 나는 것은 피할 수 없는 일이다. 이러한 청소년기의 자기애적 특징을 유지하고 있는 일부 20대는 자기애에 작은 흠집만 나도 자신의 본질이 훼손된다고 인식하고, 자기애를 지키기 위해 검증을 피하려 한다. 이것이 '공부 중' 푯말의 역할이다.

한편 검증을 거치고도 현실을 외면하는 경우도 있다. 대기업이나 공기업 등 경쟁이 치열한 곳에만 이력서를 넣어서 몇 년째 번번이 탈락하면 중견기업이나 중소기업이든 다른 직무든 눈을 돌리면 좋으련만, 아직 준비가 덜 되어서 그런 것이라고 생각해 스펙을 쌓는 데에만 집중한다. 매번 시험에 떨어지면서 몇 년을 보내지만 가능성 있는 시험을 보려 하거나 다른 길을 찾아볼 생각은 하지 않는다. 지금까지 해온 게 아깝다는 이유도 있지만, 원하지 않는 곳에서 사회생활을 시작하는 것을 견딜 수 없는 것이다. 덕분에 한동안 자기애는 지킬 수 있지만 삶은 정체된 상태로 머무른다.

그런데 자기애를 지키기 위한 '공부 중' 푯말은 부메랑이 되어 결과적으로 만성적인 자존감 저하를 초래한다. 아직 어엿한 한 사람 몫을 하지 못한다는 마음을 오래 가질수록 자신에 대한 수치심과 실망감이 커진다. '한 사람 몫'이 손에 잡힐 듯 잡히지 않는 시간이 길어지면 '나는 결함이 있는 존재다'라는 생각이 강해지고, 깊은 우울과 절망에 빠질 수도 있다.

게임을 하면서 자란 세대는 자신을 '(게임의)망한 캐릭터'란 의미로 '망캐'라고 자조한다. '흙수저'로 태어났거나, 타고난 재능이 없는 등 설정된 능력치가 낮다고 여기거나, 이미 노력해봤지만 몇 번의 실패를 경험하여 더 이상 내가 기대한 만큼 성장하기 어렵다고 여길 때, 자신을 '망캐'라고 자조한다. 만약 게임이라면 계정을 지우고 새로 시작하면 되겠지만, 인생은 단 한 번뿐이니 새로 시작할 수 없다고 괴로워한다.

이 때문에 '공부 중' 푯말을 단 자녀를 부모가 마냥 기다려주어서는 안 된다. 안쓰러움과 기대를 갖고 지켜보다가 시간이 흐르면서 부모는 인생 후반기의 자원과 동력을, 자녀는 인생 전반기의 시간을 소진해버린다. 사랑으로 지켜보는 것이라 생각했는데, 같이 침몰하는 선택이 될 수 있다.

'꺾이지 않는 마음'뿐 아니라 '꺾을 줄 아는 지혜'도 필요하다

꺾이지 않는 마음은 물론 중요하다. 노력해서 안 되는 일이 없다는 말도 소중한 가치다. 그러나 자녀의 목표와 능력 사이에 극복할 수 없는 갭이 있다면 심각한 문제가 될 수 있다. 차라리 스포츠 경기였다면 승패와 탈락이 분명한데, '공부 중' 푯말을 단 자녀는 기약 없이 도전하고 실패와 좌절을 반복할 수 있다. 누군가의 합격 소식이 들려오면 나에게도 성공의 순간이 찾아올 거라고 믿어본다. 지금 멈추거나 다른 길을 선택하면 인생이 망해버릴 것이라고 절박하게 생각한다. 그러나 닿을 수 없는 목표를 바라보고 있다면 자신을 성찰하고 꺾을 줄 아는 지혜가 필요하다.

"키는 능력이고 팔은 간절함"이라는 말이 있다. 어른이 되면 키는 더 자랄 수 없듯이 어떤 영역에서 자기가 발휘할 수 있는 능력에는 한계가 있는 법이다. 그래서 팔을 최대한 뻗어서라도 간절하게 더 높은 곳에 닿고 싶어 한다. 하지만 키가 더 자랄 수 없듯이 팔도 계속해서 늘어나지 않는다. 이런 아픈 사실을 이야기해주며 팔을 위가 아니라 다른 곳으로 뻗어보자고 제안해보는 것도 부모가 해야 할 일이다.

그렇다고 갑작스럽게 '공부 중' 푯말을 떼어내는 충격 요법은 효과적이지 않다. 초등학생 때부터 셈하면 20년 가까이 익숙했던 삶의 방식을 바꾸는 것은 부모나 자녀나 쉽지 않다. 그보다는 변함없이 자녀를 응원한다는 마음을 보여주면서, 함께 현실에 대해 이야기하는 것으로 시작하면 어떨까. 오르지 못할 하늘만 바라보고 있으면 현실에서 붕 뜬 채로 살아갈 수밖에 없다. 두 발을 땅에 딛게 하는 것도 부모의 역할이다. 지금 목표하고 있는 것 외에도 세상에는 의미 있고 소중한 것들이 많다는 것을 알려주며, 자녀가 발붙인 현실에서 일상을 꾸려나가도록 도와야 한다.

먼저 부모가 자녀를 기다려줄 수 있는 경제적 여건과 마음의 여유가 어디까지인지 솔직하게 알리고, 아쉽지만 이제는 다른 길을 찾아보는 것이 어떠냐고 조심스럽게 이야기한다. 자기애를 다쳐 자존감이 낮아지고 수치심을 느끼고 있을지 모를 자녀에게 너를 포기하는 것도, 못났다고 여기는 것도 아니며, 너를 향한 애정과 기대는 여전하다는 말도 잊지 않았으면 한다. 그렇게 부모의 바람이 서서히 스며들게 한다.

이때 기대가 컸던 부모라면 자기도 모르는 사이에 실망스러운 기색이 드러날 수도 있다. 그러면 자녀는 마음의 문을 닫아버릴지도 모른다. 저명한 교육자 요한 하인리히 페스탈로치 Johann Heinrich Pestalozzi는 "현명한 교육자는 아이에게 부족한 것을 찾지 않고, 아이가 이미 가진 것을 기뻐한다"라고 말했다. 부모도 그래야 한다. 자녀의 한계와 부족함을 견디지 못하거나 자신의 기대를 충족하지 못한 자녀를 마음으로 받아들이지 못한 채 자녀를 대하면, 자녀도 부모의 마음을 알아차린다. 부모가 자녀의 현재 모습을, 자녀가 이미 갖고 있는 것과 이뤄온 것들을 진심으로 소중히 여기는 마음으로 다가가야 한다. 부모도 그렇듯, 부족함도 없고 좌절도 겪지 않은 사람은 세상에 없다.

당장 자녀의 마음이 달라지지 않을 수도 있지만, 천천히 함께 현실을 바라보는 연습을 하다 보면 어느덧 자녀가 스스로 '공부 중' 푯말을 떼어내고 세상으로 나아갈 것이다. 그리고 그때부터 자녀는 세상에 대한 진짜 공부를 시작한다.

얼마 가지 않은 것 같은데 번아웃

병원을 찾아온 가영 씨는 게임 회사 3년차 직장인이다. 게임 출시 직전에는 데드라인을 맞추기 위해 야근과 특근을 반복하는 '크런치 모드'에 돌입하는데, 마음 맞는 동료들과 일하는 게 즐거워서 버틸 만하다고 생각했다. 다행히 출시한 게임의 성과도 좋아서 성과급도 많이 받았고, 숨 돌릴 틈 없이 다른 팀으로 파견되었을 때도 발령에 대한 불만보다는 이번에도 열심히 해보자는 마음이 더 컸다. 다시금 새 게임 출시를 위해 모두 박차를 가하며 일하고 있는데, 어느 날 아침에 일어나니 몸을 일으키기도 전에 눈물이 주르륵 흘렀다. 딱히 우울하지도 슬프지도 않았기에 이상한 일이 다 있다며 넘어갔는데, 횡단보도 신호를 기다리는 동안 차가 인도로 들이닥쳐 교통사고가 나는 상상을 하기 시작했다. 병원에 입원해서 회사에 가지 않으면 얼마나 좋을까 하고 진심으로 바라는 자신을 발견했다. 그 후 회사에서도 멍하니 있는 시간이 많아졌고 일의 효율도 눈에 띄게 나빠졌으며, 어이없는 실수를 지적받는 일도 종종 있었다. 한동안 그런 상태가 이어지자 회사를 다닐 수 없을 것 같아 부모님과 상의하니 공감해주기는커녕 잔소리를 들었다.

"그 정도 일은 내가 회사 다닐 때도 자주 있었어. 우리 20대, 30대 때는 철야에 야근이 일상이었는걸. 5년차, 10년차가 되면 차차 나아질 테니 버텨봐. 벌써 우는소릴 하면 어떡하려고. 하여간 요즘 애들은 금방 그만두려 한다니까"

가영 씨는 부모님이 '라떼' 이야기만 하고 보약이나 지어 먹으라고 한다며, 어떻게 해야 할지 모르겠다고 호소했다. 일을 그만두자니 사회생활에 적응하지 못한 사람이 되는 것 같고, 다시 돌아갈 수 있을지 너무 걱정되고 불안하다고 했다. 그런데 이대로 버틸 자신은 없고, 그냥 다 그만두고 싶은 마음만 어떻게든 억누르고 있었다.

이른 번아웃의 시대, 예방이 최선이다

가영 씨는 전형적인 번아웃 증후군Burnout Syndrome을 앓고 있다. 다 타버린 장작불처럼 소진된 상태를 가리키는 말로, 2019년 세계보건기구who에서는 "과도한 근무시간과 근무량으로 인해 피로가 쌓여 모든 것에 무기력, 의욕 상실, 분노, 불안감을 느끼는 현상"이라고 정의한 바 있다. 한동안 번아웃은 오랜 기간 사회생활을 해온 40대 이상이 겪는 문제였는데, 최근엔 20대, 30대에 찾아오는 경우도 많이 보인다. 부모 입장에서는 옛날에 비해 급여 수준도 올라갔고 근무 조건도 합리적인 데다 전처럼 가족을 부양해야 한다는 부담감도 없는 20대, 30대에 번아웃을 호소하는 자녀를 보면 의지력이 약하거나 엄살을 부린다고 생각할 수 있다. 그러나 자녀 입장에서는 자신의 힘듦을 이해해주기는커녕 잔소리만 하는 부모가 야속할 따름이다.

직장 스트레스가 모두 번아웃으로 이어지는 것은 아니다. 적당한 스트레스는 우리 몸이 상황에 대한 최적의 반응을 하도록 만들어 생존 가능성을 높인다. 일시적 스트레스는 적당한 수준의 긴장을 유발하고 집중력, 인지능력, 신체반응성을

20~30대 청년의 번아웃 경험 비율		20~30대 청년의 번아웃 경험 이유	
전체	33.9%	진로 불안	37.6%
남성	29.5%	업무 과중	21.1%
여성	38.8%	일에 대한 회의감	14.0%
		일과 삶의 불균형	12.4%
		적은 보상	7.3%

자료: <2022년 청년 삶 실태조사 보고서>, 한국보건사회연구원, 2022.

향상시킨다. 그러나 스트레스를 받으면 평소보다 에너지를 많이 쓰게 되므로, 스트레스 상황을 겪은 후엔 휴식이 필요하다. 그런데 일정 수준을 넘어서는 스트레스를 반복해서 받거나 스트레스 상황이 오래 지속되면, 에너지가 고갈되어 휴식을 취해도 전과 같은 상태로 돌아가지 못한다. 정신적·신체적으로 소진되어 번아웃을 경험하는 것이다.

번아웃이 찾아오면 며칠 쉰다고 회복되지 않는다. 진료실에서 마주한 청년들을 보면 적어도 반년 정도는 충분히 쉬어야 회복할 수 있었다. 그런데 사회생활을 시작한 지 얼마 되지 않은, 이제 직무를 익히고 커리어를 시작하는 직장인이 반년동안 충분히 쉬는 것은 어려운 일이다. 게다가 번아웃으로 회사를 그만둔 사람들은 다시 일하는 것을 망설이는 경우가 많다. 전처럼 열심히 일할 자신도 없고, 다시 번아웃이 찾아올까 봐 두렵기 때문이다.

　그러니 최선의 방법은 번아웃이 찾아오기 전에 예방하는 것이다.

번아웃에 취약한 유형과 번아웃의 조짐 파악하기

　번아웃에 취약한 사람은 가영 씨 아버지가 말하는 '요즘 애들'처럼 의지가 약하거나 엄살을 피우거나 뺀질거리는 사람일까? 아니다. 오히려 번아웃에 취약한 사람은 성실하고, 완벽주의를 추구하고, 책임감이 강한 사람이다. 완벽주의 성향인 사람은 맡은 일을 완벽하게 수행하고 책임져야 한다는 마음에 과도하게 스트레스를 받고, 무리한 일정과 업무량을 묵묵히 견뎌낸다. 경력이 쌓이면 언제 힘을 쥐어짜야 하고 언제 쉬어야 하는지 알고 완급 조절을 하면서 일하는 게 가능하다. 하지만 가영 씨처럼 경력이 짧은 사람이 성취감을 느끼면서 더 열심히 해야 한다는 생각에 사로잡혀 있으면 계속 경직된 상태로 일하게 된다. 남들보다 열심히 일하는 법은 알지만 얼마나, 어떻게 쉬어야 하는지는 모른다. 스트레스는 계속 쌓이고 제대로 쉬지 못하니 피로가 누적되는 악순환에 빠져든다.

완벽주의 성향만큼이나 위험한 것이 나보다 남을 우선시하는 성향이다. 배려는 미덕이라고 생각할 수도 있으나, 일을 떠맡겨도 거절하지 못하고 남들이 힘들어하고 있으면 나서서 도와주려 한다. 다른 사람에게 인정받고 좋은 평가를 듣기 위해 열심히 노력하는데, 원하는 만큼 인정받지 못하면 또 상심하고 지쳐버린다.

시키는 대로 일하는 유형 역시 위험하다. 군말 없이 지시받은 일을 해내니 상사에게 예쁨을 받을 수도 있겠지만, 스스로 통제할 수 있는 일이 적고 직무 영역이 불확실할 때가 많아 스트레스를 많이 받는다. 게다가 내가 맡은 일이 사소하고 의미 없게 느껴져 허무해지고, 그 때문에 번아웃이 쉽게 찾아온다.

심리치료사 클라우스 베른하르트klaus bernhardt는 번아웃이 자신을 보호하기 위해 정신이 무의식을 이용해 '비상용 차단기'를 내린 상태라고 말한다.[5] 성실한 사람의 의식은 힘든 상황에서도 '남들보다 잘해야지'라고 생각하며 자신을 혹사하고, 자기도 모르는 새에 임계점에 도달하면 무의식이 나타나 차단기를 내려버리는 것이다. 그런 면에서 보면 번아웃은 더 큰 문제를 막기 위한 긴급조치이기도 하다.

뺀질거리고 엄살을 피우며 다른 사람에게 일을 떠넘기는, 눈치를 보며 요령을 피우는 사람은 오히려 번아웃이 잘 찾아오지 않는다. 이런 유형의 사람은 동료의 번아웃을 부추기기도 한다. 앞에서 설명한 세 유형의 사람 곁에 이런 사람이 있다면 강한 허무함을 느끼게 만든다. 힘든 일은 자신이 다 떠안고 있는데 자신의 노력을 아무도 알아주지 않는다고 자조하게된다. 이는 자녀 세대가 중요시하는 가치인 '공정성'을 위협하는 상황이고, 이때 찾아오는 억울함, 섭섭함, 서운함 등은 번아웃을 유발하는 중요한 요인 중 하나다. 상담실에서 만나는 번아웃 경험자들은 "일이 많은 것은 견딜 만하다. 그런데 인정받지 못하면서 억울하고 서운한 마음이 드는 순간 버틸 의지가 사라진다"라고 말한다.

그러니 이런 상태의 자녀에게 '뭘 그 정도로 힘들어하냐. 엄살 피우지 마라' 같이 말한다면 어떻게 될까? 간신히 견디고 있던 자녀의 마음이 와르르 무너질 수 있다.

자녀에게 충분하고 적절한 휴식을 제공하자

번아웃을 예방하려면 직장에서 받은 스트레스를 해소할 수 있도록 충분히 쉬어야 한다. 사회생활을 오래 해본 부모는 책임감이 강하고 성실한 사람이 느끼는 조바심과 불안을 이해한다. 그런 사람일수록 집에 일을 싸들고 오거나 직장에서의 고민을 집에서도 멈추지 못하는 경우가 많다. 집에서도 스트레스 상황이 이어지면 식욕이 떨어지고 수면장애를 겪을 수 있다. 그러니 힘들고 식욕이 없더라도 규칙적으로 식사하고 제때 잠자리에 드는 루틴을 지킬 수 있도록 도와주어야 한다. 몸이 지치고 생활 리듬이 망가지면 마음에도 금방 이상이 생긴다. 반대로 신체적으로 건강하고 루틴이 잘 짜여 있다면, 심리적으로 흔들린다 해도 번아웃은 쉽게 찾아오지 않는다.

충분한 휴식만큼 중요한 것이 적절한 휴식이다. 퇴근하자마자 침대에 쓰러져 잠만 자는 것은 적절한 휴식이라고 볼 수 없다. 내가 제안하는 좋은 휴식의 3원칙은 '짧게, 매일, 혼자'이다. 퇴근하고 가볍게 산책하거나 TV를 보거나 멍하니 목욕을 하는 등 규칙적으로 몸과 마음의 긴장을 풀어주는 휴식 방법을 찾는 것이다. 비슷하게 업무 중에 10~20분 정도 숨을 돌리며 차를 한 잔 마시거나 스트레칭을 하거나 잠깐 바깥바람을 쐬는 마이크로브레이크micro-break도 스트레스를 효과적으로 줄이는 방법이다. 아니면 취미생활이나 동호회 활동을 적극적으로 즐기는 것도 좋은 선택이다. 몸도 건강해질 뿐 아니라 회사 바깥에서도 즐거움, 보람, 성취감 등을 얻을 수 있어 번아웃을 예방할 수 있다.

자녀가 회사에서 힘들다고 하소연을 하면 잘 들어주고 응원해주는 것도 도움이 된다. 부모가 듣기에는 별일 아닌 것 같아도 자녀에게는 커다란 문제일 수 있다. 회사에서 상사나 동료로부터 충분히 인정받지 못하고 도움을 주어도 고맙다는 말을 듣지 못한다며 서운해하거나, 시키는 일만 해야 하는 것이 불만이라고 할 수도 있다. 이때 부모라도 자녀가 고생하고 있음을 알아주고, 원하는 대로 풀리는 날이 올 것이라고 위로해주면 좋다. 자녀가 남의 행동에 휘둘리지 않았으면 하는 마음에 '회사는 다 그런 거야. 그런 일 하나하나 신경 쓰다 보면 너만 지쳐', '이런 일로 힘들어하면 앞으로 어떡하려고?'처럼 판단이나 평가를 포함한 말은 상처를 줄 수 있다. 부모가 좋은 의도로 말하는 것임을 알아도 심신이 지친 자녀에게는 독이 될 뿐이다. 집은 자녀가 인정받고 자신감을 유지하는 공간이

어야 하지, 회사처럼 잔소리를 듣고 스트레스를 받는 공간이어선 안 된다. 만일 같이 살지 않는다면, 자녀가 평소와 다른 점은 없는지, 스트레스를 호소하지 않는지 살피면서 부모가 뒤에서 응원해주고 있음을 인지시켜주면 좋다.

부모는 자녀가 남들보다 빨리 치고 나가라고 재촉하는 사람, 쉬지 말고 일어서서 뛰라고 으르렁대는 엄격한 코치 같은 존재가 아니다. 어른이 된 자녀에게 부모와 집은 편하게 쉬었다 갈 수 있는 항구 같은 존재였으면 한다. 폭풍을 피해, 고장 난 배를 고치기 위해, 또 연료와 식량을 싣고 잠시 휴식하기 위해 배가 찾아오는 항구. 배가 항구에 영원히 머물지 않듯, 자녀도 부모의 공간에 영원히 머물지 않는다. 다시 먼 바다로 떠날 것이고, 항구는 배가 돌아오기를 기대와 염려를 안고 기다린다. 그게 부모의 역할이다.

언제든 돌아갈 수 있는 안전한 공간이 있는 사람은 신체적·정신적으로 수세에 몰리더라도 쉽게 번아웃에 빠지지 않는다. 아무리 힘들더라도 나를 사랑하는 사람이, 보호해줄 공간이 있다고 느끼게 해주는 것이 부모가 할 수 있는 최선이자 줄 수 있는 최고의 선물이다.

경제적 지원은 어디까지?

비행기를 타면 이륙 전에 안전교육을 한다. 승무원이 직접 시연을 하기도 하고, 항공사에 따라서는 스크린으로 동영상을 틀어준다. 교육 동영상에 이런 내용이 나올 때가 있다.

"산소마스크는 내가 먼저 써야 합니다."

아이와 함께 비행기를 탄 남성이 있다. 난기류를 만나 기체가 심하게 흔들리고 비상착륙을 해야 할지도 모르는 위급한 상황이 닥친다. 좌석 위에서 산소마스크가 내려오는데, 본능적으로 아이부터 산소마스크를 씌우는 장면이 나온다. 그런데 동영상에서는 이를 잘못된 대처 요령이라고 말한다. 산소마스크는 보호자가 먼저 써야 한다는 것이다. 너무 비윤리적인 내용 아닌가 싶어 갸우뚱한데, 이어지는 설명을 들으면 고개가 끄덕여진다. 남에게 산소마스크를 씌우는 것이 내가 쓰는 것보다 시간이 오래 걸린다. 불과 몇 초 사이에 두 명 다 의식을 잃을 위험이 있는 위급상황에서는 손동작이 능숙한 어른이 먼저 산소마스크를 써서 자신의 안전을 확보한 후에 아이를 챙겨주는 것이 생존 확률이 높은 올바른 순서라는 것이다. 아이를 소중히 여기는 마음에 먼저 산소마스크를 씌워주다가는 오히려 둘 다 위험해질 수 있다.

이런 위급상황은 비행기 사고에서만 마주하게 될까? 그렇지 않다. 앞에서도 살펴봤듯이 자녀는 대학이나 취업의 관문에서 넘어지거나 직장과 결혼이라는 낯설고 어려운 일들로 힘들어할 수 있고, 그런 자녀를 도우려다가 부모도 함께 힘들어지는 위급상황이 찾아오기도 한다. 이처럼 자녀에게 도움을 주려는 부모라면 특히 경제적 지원을 할 때 "산소마스크는 내가 먼저 써야 한다"라는 말을 마음에 새겨야 한다.

부모의 헌신은 때로 서로에게 독이 된다

자녀가 남들보다 앞에서 출발하기를 바라는 부모의 욕심은 끝이 없다. 더 좋은 학교에 보내고 취업준비를 물심양면으로 도와주는 것을 넘어, 직장에 취직하고 나서도 자녀의 월급은 미래를 위해 저축하게 하고 용돈을 주기도 한다. 증여와 상속의 부담을 줄이려는 선택이기도 하지만, 자녀보다 급여도 높고 경제적 여유가 있을 때 조금이라도 더 해주고 싶은 마음에서 우러나오는 행동이다. 자녀가 결혼하면 내 집을 팔아서라도 좋은 곳에서 신혼살림을 시작하면 좋겠다고 생각하는 부모도 있다. 집이 가장 든든한 재산이자 투자 수단인데, 신혼부부는 엄두도 못 낼 수준으로 비싸니까.

그런데 부모의 헌신적인 지원을 받는 자녀는 부모의 상황에 대해 얼마나 알고 있을까? 자녀가 사회생활을 시작하거나 신혼부부인 연령대의 부모는 이제 사회생활의 후반기에 있는 경우가 많다. 근로소득이 정점을 찍은 뒤 내려오고 있는 시기인 것이다. 부모는 지금만큼 벌 수 있는 시간은 얼마 남지 않았음을 알고 있지만, 자녀는 그것을 잘 알지 못한다. 그러니 '우리 집은 왜 다른 집만큼 도와주지 않느냐'라고 불평을 하거나 부모의 소득이 줄어들어도 이를 알지 못한 채 '왜 이제는 도와주지 않느냐'라고 서운해하기도 한다. 부모의 헌신을 언제부터인가 당연하게 여기고 있는 것이다.

자녀가 얼른 자리 잡아야 한다는 걱정 때문이든 도와달라는 부탁이나 힘들다는 호소 때문이든 노후 대비를 소홀히 하며 자녀를 도와주는 것은 '산소마스크를 아이에게 먼저 씌워주는 것'과 같다. 게다가 사회초년생 시기나 결혼생활을 시작할 때 크게 지원해주어도 감사의 마음을 돌려받지 못하는 경우가 생각보다 많으며, 무리하게 지원해준 부모가 자녀에게 경제적으로 의존하는 노년을 보내게 된다면 오히려 자녀에게 부담이 될 수도 있다. 부모가 산소마스크를 먼저 써야, 즉 노후 대비를 우선하고 어른이 된 자녀에게는 필요한 만큼만 지원해줘야 둘 다 위험한 상황에 빠지는 것을 예방할 수 있다.

노인 빈곤의 시대, 부양의 부담을 줄여주는 것이 최선이다

노후 대비를 우선하라고 말하는 또 다른 이유는 한국의 노인빈곤율이 심각한 상태이기 때문이다. 2021년 OECD 국가의 평균 노인빈곤율은 14.1%인데 반해, 2021년 한국의 노인빈곤율은 37.6%이다. 여기서 빈곤하다는 것은 2021년을 기준으로 연금을 포함한 노인 부부의 월소득이 154만 4,000원 이하라는 것이다. 자산의 대부분이 부동산인 한국의 특성을 감안하여 소득 대신 가처분재산으로 바꾸어 환산한다 해도 노인빈곤율은 20% 이상으로 OECD 평균을 훌쩍 넘는다. 최근 몇 년 사이 주택연금이 인기를 끄는 것은 집 한 채가 유일한 자산인 노인들에게 빈곤 위험을 낮춰준 덕분이다.

게다가 한국은 노후 생활비를 스스로 마련해야 하는 각자도생의 사회다. 2022년 통계청 사회조사 결과에 따르면 72.5%가 본인·배우자 부담으로 생활비를 마련하고 있으며, 연금과 퇴직급여에 의존하는 비율은 29.7%에 불과하다. 자녀·친척의 지원은 14.1%밖에 되지 않았다. 미국, 일본, 독일 등에서는 노후 생활비의 70~80%가 연금이고 자녀의 도움은 0%에 수렴한다는 사실과 비교하면, 한국은 사회적 도움은 적고 알아서 노년을 대비해야 하는 사회인 것이다. 만일 자녀를 지원하기 위해 노후에 쓸 자금을 끌어다 썼다면, 연금 등으로 생활비를 마련할 수 없으니 정년퇴직 이후에도 새로운 일자리를 찾거나 갖고 있던 부동산을 처분하는 등 어떻게든 경제적

재원을 마련해야 한다.

2018년 서울연구원에서 발표한 조사 결과에 따르면 응답자의 43%가 노후준비를 하지 못하는 있다고 대답했는데, 53%는 주택 구입 비용 준비와 상환을, 45%는 자녀교육 및 결혼과 양육을 이유로 들었다.[6] 자녀에게 산소마스크를 먼저 씌워주느라 정작 자신의 미래를 대비하지 못하는 사람이 이토록 많다.

베이비붐 세대가 본격적으로 노령 인구에 진입하고 있다. 아마 자녀의 독립과 결혼을 걱정하는 분들도 베이비붐 세대일 것이다. 앞으로 펼쳐질 세상은 부모가 자녀에게 자신의 노후를 맡겼던 1980~1990년대나, 여러분이 부모를 부양하는 지금과는 달라질 것이다. 자녀가 부모를 부양하지 않으려는 것이 아니라, 그것이 불가능한 사회가 도래하고 있다. 그럼에도 마음 깊은 곳에서는 내가 부모를 부양했듯이, 자녀를 물심양면으로 도와주면 나를 부양해줄 것이라는 일말의 믿음이 있다. 그러나 믿음보다 중요한 것은 내게 필요한 현실적인 경제적 자원이다. 만일 자가 주택이 있어서 주택연금을 선택할 수 있다면 그나마 다행이다. 과거에는 자녀에게 증여하거나 상속하길 바랐지만, 노년기가 길어진 지금은 그보다는 갖고 있는 재산을 잘 활용해서 나중에 자녀에게 짐이 되지 않겠다는 마음을 우선하는 것이 좋다고 본다.

　다시 강조하지만, 산소마스크는 부모가 먼저 써야 한다. 부모의 눈에는 아직도 5살 어린아이처럼 자녀가 스스로 산소마스크를 쓰지 못할 것처럼 보인다. 그러나 지금 내 곁에 있는 어른이 된 자녀는 나보다 먼저 산소마스크를 쓸 수 있을 만큼 건강한 청년임을 잊지 말자.

자녀에게 줄 최고의 선물은 무엇일까?

어릴 때 〈아기코끼리 덤보〉라는 디즈니 만화가 방영했었다. 만화 속 서커스단의 코끼리 점보 부인은 아기를 간절히 바라고 있었는데, 어느 날 황새가 아기코끼리 덤보를 데려온다. 덤보는 다른 코끼리에 비해 귀가 무척 컸는데, 덤보가 치장하고 서커스에 나서자 사람들은 덤보의 귀를 손가락질하며 놀린다. 그런데 알고 보니 덤보의 큰 귀는 하늘이 준 재능이었다. 하늘을 날 수 있었던 것이다. 어릴 때는 덤보에게 이입하며 만화를 보았지만, 이제는 점보 부인의 마음에 더 공감한다. 아이는 부모에게 귀중한 선물이다.

부모는 선물처럼 찾아온 아이가 혼자서 잘 살아갈 수 있기를 바라며 최선을 다해 키운다. 충분히 준비하고 세상에 나아갈 수 있도록 보살핀다. 이윽고 자녀가 세상에 나갈 때, 부모는 선물처럼 내게 온 자녀에게 선물을 건네고 싶다. 부모는 어떤 선물을 주고 싶을까? 건강한 몸, 성실한 태도, 착한 마음, 성숙한 시민 의식 등 사회에 적응하고 기여하기 위한 것들을 꼽을 수 있겠지만, 그보다 안정적인 사회·경제적 지위가 먼저일지도 모른다. 자녀를 위한 선물로 '좋은 학력과 안정적인 직업'을 제안했을 때 아니라고 거절할 부모는 없을 것 같다.

'좋은 학력과 안정적인 직업'은 사회계층을 막론하고 부모에게 안심이 되는 선물이다. 상당한 자산을 가진 계층이라도 학력과 직업은 안정적으로 사회적 지위를 유지할 수 있는 요인이다. 노동소득이 주된 수입원인 계층에겐 더 절실하다. 중산층의 지위를 유지하든 중산층으로 올라가고 싶든 한국 사회에서 '좋은 학력과 안정적인 직업'만큼 쓸모 있는 선물은 없다. '개천에서 용 난다'라는 말은 실제로 학력과 직장이 계층 상승의 방법이었음을 보여준다.

그러나 학력과 직업이라는 선물은 모두가 똑같이 받을 수 있는 것이 아니어서, 한정된 자리를 놓고 가혹한 경쟁을 펼쳐야 한다. 노블레스 오블리주를 실천해야 할 사회지도층에서도 자녀의 입시·취업을 위해 탈법, '낙하산 인사' 등의 잘못된 방법을 동원하는 것을 자주 볼 수 있다. 그러니 부모는 아이에게 좋은 선물을 주기 위해 얼마나 노력해야겠는가.

　노력을 쏟아붓는 것에도 불구하고 아쉽게도 경쟁이 치열해질수록 자녀교육에 많은 비용을 쏟는 것은 비효율적인 선택이 되어버렸다. 자녀의 대학 입시와 취업을 위해 수천만 원을 써도 자녀의 기대 소득은 그의 절반만큼도 오르지 않는다. 자녀가 어떤 직장에 들어가더라도 입사와 취업 준비에 투여된 돈과 시간을 충분히 보상하는 넉넉한 수입을 가질 순 없다.

　관점을 바꿔서 자녀의 교육에 그만큼의 돈을 투자하기보다 돈을 잘 모아두었다가 독립할 때 월세 부담이 없도록 전세자금을 빌려주는 등 효율적인 지원을 해주며 자신의 노후 대비를 철저히 한다면 어떨까? 자녀가 부모의 노후를 부양하거나 지원해야 한다면, 그만큼 자녀의 소득이 낮아지는 것과 다름없다. 중년의 나이에 이른 자녀는 자신에게 주어지는 여러 부담 때문에 그만큼 소득이 낮은 상태보다 심적으로 훨씬 지칠 수도 있다. 그런데 내가 독립적으로 생활할 수 있어 자녀의 지원이 필요하지 않다면, 자녀의 소득이 더 적더라도 비슷한 생활수준을 유지하면서 마음의 부담은 줄어들 수 있다. 넓고 긴 시야로 자신의 노년과 자녀와의 관계까지 바라본다면, 부모가 줄 수 있는 최고의 선물이 늘 '좋은 학력과 안정적인 직업'인 건 아니다.

자녀에게 줄 수 있는 최고의 선물은 '충분히 좋은 어른'

자녀가 독립을 앞둔 시기의 부모이자 정신과의사로서 부모와 자녀가 모두 기뻐할 만한 '아이에게 주는 최고의 선물'을 꼽아보자면 '경제적 안정, 신체적 건강, 좋은 관계를 가진 부모'라고 생각한다. 자녀에게 주는 선물이 부모 자신이라니, 이상하게 들릴지도 모르겠다. 그러나 자신이 살아온 인생을 돌아보면, 자녀가 살아갈 미래를 생각하면 '나도 저렇게 나이 들고 싶다'라는 마음이 드는 어른만큼 곁에 있어 든든한 존재도 없다. 앞서 충분히 좋은good enough 부모가 최선이라고 말했듯이, 충분히 좋은good enough 어른을 최선으로 삼아보자. 경제적 안정, 신체적 건강, 좋은 관계라는 3가지 요소는 바로 그 조건이라고 볼 수 있다.

먼저 경제적 안정은 자녀의 성공보다 이루기 쉬운 과제일 수 있다. 자녀가 성공할 수 있도록 투자하는 것보다 나의 앞날을 준비하는 일이 부모 입장에서는 불확실성이 적다. 가까운 사이인 자녀라 할지라도 남의 일을 챙기는 것보다 나의 일을 계획하고 목표대로 수행하는 것이 수월하다. 단적으로 자녀가 좋은 대학에 갈 수 있게 지원하고 스펙을 쌓는 것을 도와 연

수입을 2,000만 원 올리는 것과 75세 이후 자녀가 매달 내게 생활비를 지원해주지 않아도 괜찮도록 대비해두는 것 중 어느 쪽이 쉬울까? 부모가 경제적으로 안정되어 있으면 자녀가 부모의 노후를 걱정하느라 불안해할 필요가 없으며, 이는 결혼할 때도 유리한 요소다. 자녀 세대 직장인들은 서로 결혼할 준비가 얼마나 되었는지 솔직하게 이야기하는데, 연봉, 저축, 주거만큼이나 중요한 것이 부모의 노후 준비다. 부모가 경제적 안정을 이루는 것은 자녀의 불안을 덜어주면서 사랑하는 사람과 결혼할 수 있도록 돕는 일이기도 하다.

다음은 신체적 건강이다. 70대가 되어서도 설악산을 종주할 정도로 대단한 체력을 가져야 한다는 말이 아니라, 나이가 들면서 불가피하게 마주할 신체적 쇠퇴와 질병들에 미리 대비하자는 것이다. 나이가 몇이든 혼자 병원에 갈 체력이 없다면 자녀는 부모가 병원에 갈 때마다 하루를 비워야 한다. 자영업을 하고 있다면 가게 문을 닫고, 회사에 다닌다면 연차를 낼 것이다. 게다가 상태가 안 좋아져 입원하게 된다면 일을 쉬어야 할 수도 있다. 실제로 일본에서는 매년 10만 명 이상이 부모를 간호하기 위해 일을 그만두는 '간호실직'을 겪고 있다.

이와 같은 상황이 생기지 않도록 50대부터 차근차근 건강

관리를 하고 체력을 유지한다면 자녀의 부담을 덜어줄 수 있다. 만약 85세까지 혼자 병원에 다니고 자기 관리를 할 수 있다면 그만큼 자녀에게 시간과 여유를 선물하는 셈이다.

마지막은 좋은 관계를 갖고 있는 것이다. 배우자와 사이 좋게 지내고 친구들과 좋은 관계를 유지해서 자녀와 떨어져 지내면서도 일상을 즐겁게 보낼 수 있어야 한다. 만일 배우자와 사이가 나쁘고 만날 친구도 없고 이렇다 할 취미도 없다면, 자녀를 유일한 대화 상대이자 친구로 삼는 경우가 많다. 자녀를 베스트프렌드로 여겨서 하루에 한 번 이상 통화하고, 일상을 나눌 뿐 아니라 주말을 같이 보내려 한다. 만나면 과거 이야기를 반복하거나 배우자와 갈등이나 해묵은 감정으로 인해 생긴 우울과 분노를 쏟아내기도 한다. 자녀가 부모와 가깝고 한쪽 부모에게 친밀함, 안쓰러움, 애처로움을 갖고 있다면, 어느 시점부터 부모에게 자녀는 '유일한 베스트프렌드'가 되어 버릴 수 있다. 이는 부모에게도 비극이고, 매일 부모의 감정을 받아주며 시간을 써야 하는 자녀에게도 큰 부담이다. 그러므로 배우자나 친구와 등산을 다니는 등 함께 운동이나 취미를 즐긴 뒤 가볍게 반주를 곁들이는 모임을 갖고, 종종 근교로 나들이를 나가거나 여행을 다니면서 재밌게 사느라 자녀가 어떻게 지내는지 모르고 지내는 게 베스트다. 잘 지내겠지 하는 마음으로 서로 자기 생활을 보내다가 가끔 만나서 안부를 확인하고 서로의 삶을 응원하는 마음으로 기분 좋게 지켜보는 관계가 노년의 부모와 다 자란 자녀 관계로 적당하다. 자녀가 부모의 감정이나 다툼에 휘둘리지 않고 자신의 삶을 안정적으로 꾸려나갈 수 있는 것 역시 부모가 노력해서 자식에게 줄 수 있는 선물이다.

지금까지 이야기한 경제적 안정, 신체적 건강, 좋은 관계는 하루아침에 가질 수 있는 것이 아니다. 꽤 오랜 시간 준비해야 갖출 수 있는 것들이다. 분명한 것은 어떻게 될지 모를 불확실한 자녀의 미래를 위해 노력하는 것보다 현실적이고 구체적이며 실현 가능성이 높다. 이렇게 살아갈 수 있다면, 자녀는 자신의 삶을 온전히 누리고, 부모를 보면서 행복하고 건강한 노년을 그릴 것이다. 눈으로 보이는 아파트를 증여한 것도 아니고 유학을 보내서 대단한 직업을 갖게 한 것은 아니지만, 그보다 훨씬 괜찮은 경제적·시간적·감정적 여유를 오랫동안 준비해서 선물한 것이다. 이 얼마나 멋진 선물, 얼마나 멋진 부모인가.

3장

어른과 어른의 관계 만들기

자녀와 좋은 관계를 위해 필요한 마음

어른이 된 자녀와의 갈등으로 힘들어하시는 분들은 자녀와 무슨 말을 해야 할지 모르겠다고 말하곤 한다. 아버지와 어머니가 소통을 어려워하는 이유는 정반대다. 아버지는 바깥에서 일하느라 바빠서 어린 시절에 자녀와 많은 시간을 보낼 수 없었고, 자녀가 성장하는 모습을 가까이서 지켜보지 못했다. 어느덧 자녀는 사회생활을 시작했고, 자신은 은퇴에 가까워지면서 여유가 생겼다. 예전에는 자녀가 직장에 다니면 해주고 싶은 말이 많을 줄 알았는데, 어쩌다 둘만 있는 시간이 그렇게 어색하고 무슨 말을 할지 모르겠다. 회사 후배처럼 대하자니 너무 사무적이고, 일상에 대해 이야기하자니 무엇을 물어봐야 할지 모르겠다. 아이도 마찬가지인지 묵묵히 있다가 방에 들어가 버린다.

한편 어머니는 하고 싶은 말이 많은데 어디서부터 어디까지 말해야 좋을지 모르겠다고 한다. 어릴 때부터 자녀의 작은 습관까지 알아챌 수 있을 만큼 가까이서 지켜봤으니, 어른이 된 자녀를 봐도 예전 버릇이 보이고 어수룩해 보인다. 사회생활을 한다지만 집에서 하는 행동을 보면 어릴 때 모습이 눈에 선하다. 일단 말을 시작하면 아이의 어린 시절부터 오늘 있던 일까지 생각나는 것이 너무 많아 말이 길어지고, 그러다 나도 모르게 감정이 상할 만한 말까지 해버리고 만다. 자녀와 잘 이야기하다가도 종종 자녀의 표정이 굳는 것을 발견하고, 자신이 또 말실수를 한 건 아닌지 신경 쓰게 된다.

한쪽은 몰라서 문제, 한쪽은 너무 많이 알아서 문제다. 비유하자면 아버지는 텅텅 비어 있는 냉장고를, 어머니는 터지기 직전의 냉장고를 가진 요리사다. 요리를 하려면 재료가 있어야 하는데, 아버지는 자녀와 대화를 하려고 냉장고를 여니 아무것도 들어 있는 게 없다. 자녀와 즐거운 대화를 나눌 수 있을 리 만무하다. 어머니는 반대로 냉장고를 열었더니 자녀가 좋아하는 재료, 싫어하는 재료, 상해버린 재료까지 빽빽하게 들어차 있다. 무엇을 꺼내야 할지 한눈에 알 수 없고, 원하는 걸 꺼내려다 자녀가 싫어하는 재료, 상해버린 재료까지 딸려 나와버린다.

자녀를 어린 시절만큼 잘 알지 못한다는 사실을 인정하자

많은 부모가 내 자녀를 누구보다 잘 알고 있다고 여긴다. 맞는 말이면서 틀린 말이다. 아이가 7살이라면 당연한 일이다. 소아과를 찾아가면 의사도 자녀에게도 증상을 묻긴 하지만, 부모의 말을 더 신뢰한다. 자녀가 10대가 되어 방문을 닫고 자기만의 세계를 만들면서 부모가 모르는 것들이 늘어나지만, 여전히 아이의 체질, 버릇, 성격에 대해서는 누구보다 잘 알고 있다. 모르는 부분이 생겨도 잘 아는 부분도 있으니 아이에 대해 잘 모른다고 생각하지 않는다.

만약 7살 때 아이에 대해 100% 알고 있다고 가정하면, 20대 이후에는 40% 이하로 알고 있다고 생각해야 한다. 그런데 대부분의 부모는 적어도 70%, 80%는 알고 있을 거라고 믿는다. 그런 착각을 하는 이유는 자녀가 자신의 세계를 전부 드러내는 것이 아니기 때문이다. 자녀를 잘 안다고 확신하는 부모님들에게는 이런 질문을 해본다.

"어머님, 아버님, 혹시 정신과 진료를 받으러 간다고 자녀분께 이야기하셨나요?"

"아뇨, 걱정할까 봐 굳이 얘기 안 했죠."

"그렇죠? 두 분이 자녀분께 모든 걸 이야기하시진 않는 것처럼, 자녀분도 그렇습니다. 특히 어른이 되면 더 신경 써서 말해요. 서로 말하지 않는 부분이 쌓이다 보면, 어느새 자녀분은 두 분이 생각하시는 것과 많이 달라져 있을 수밖에 없죠. 부모에게는 절대 말하지 않는 것, 좀처럼 드러내지 않는 모습이 있다는 걸 생각하셔야 해요."

자녀와 기분이 상하지 않고 편하게 대화하려면 먼저 부모가 모르는 자녀의 다양한 모습이 있음을 인정해야 한다. 부모가 자녀에 대해 잘 안다고 확신할수록, 부모가 생각하는 자녀의 모습과 실제 모습 사이의 괴리가 커질 수 있다. 그리고 나서 아버지는 냉장고에 재료를 하나하나 채워 넣고 어머니는 냉장고에서 필요없는 것들을 꾸준히 정리해 빈칸을 만들어야 한다. 과거의 기억들로 꽉 차 있으면 새로운 것을 넣을 수 없다. 요즘 하고 있는 것들, 오늘 주고받은 이야기를 담을 수 있는 공간을 미리 만들어두고 자녀와 대화를 시작하자.

자녀와 가까워지는 말, 멀어지는 말

자녀와 대화할 때 어떤 화제를 꺼내야 할지 모르겠다는 분들에게는 이런 팁을 드리곤 한다. 먼저 아버지는 자기 이야기를 하라고 말씀드린다. 자신의 옛날이야기가 아니라 지금 하고 있는 일이나 친구 관계 등 현재 내 삶에 대해 말하는 것이다. 어른이 된 자녀에게도 아버지는 어렵고 먼 사람처럼 느껴질 수 있다. 회사에서 아버지 또래의 사람들은 부장님, 이사님처럼 자신보다 까마득히 높은 사람들일 테니까. 그런 아버지가 일상의 고민을 꺼내면 자녀도 공통점을 찾을 수 있고, 아버지의 인간적인 면모를 발견하고 어른의 눈으로 이해하면서 거리감이 줄어든다. 아버지가 자신의 일상과 고민을 들려주면 자녀도 자신의 일상이나 사회생활에서의 고민을 편하게 말할 수 있다. 이때 주의해야 할 것은 자녀에게 교훈을 주거나 가르치려는 마음이다. 물론 사회 경험이 풍부한 입장에서 자녀가 처한 문제 상황에 대한 확실한 해결 방법이라고 여겨지는 것들이 떠오를 수 있다. 실제로 그것이 최선의 선택일 수도 있지만, 이제 결정은 어른이 된 자녀가 내려야 한다. 조언을 건네되 이것이 답은 아니라는 것을, 선택은 어디까지나 네가 하는 것임을 분명히 해야 한다. 나중에 자신이 해준 조언대로 따르지 않았다고 실망하고 화를 내거나 다시는 의견을 말하지 않아야겠다고 생각하지는 않았으면 한다. 어른이 된 자녀에게는 부모의 의견도 '다른 수많은 의견 중 하나'일 뿐이다. 나를 사랑하고 잘 아는 부모의 말이니 더 무게를 둘 수는 있겠지만, 어린 시절처럼 절대적인 권위를 가진 의견으로 다가오진 않는다.

다음으로 어머니들에게는 너무 오래전 이야기를 하지 말라고 말씀드리고 싶다. 자녀를 보면 불쑥불쑥 어린 시절의 모습이 떠오른다. 자녀가 까맣게 잊고 있던 옛이야기를, 어머니는 잊지 않고 냉동고 구석에 넣어두었다가 꺼내 풀어낸다. 사소한 일까지 기억할 만큼 자녀에게 많은 애정을 쏟았다는 증거지만, 자녀는 어린 시절의 부끄러운 이야기를 하나도 듣고 싶지 않을 수 있다. 기억에서 지우고 싶은 흑역사인 경우도 있다. 그러면 '또 그 얘기'라면서 귀를 닫아버린다.

자녀도 나처럼 어른이다. 사회에서 만난 다른 사람의 수치심을 건드리지 않듯, 자녀의 수치심도 자극하지 말아야 한다. 어머니는 전혀 그럴 의도가 없었지만, 그 시절 이야기를 자녀는 다른 방식으로 기억하고 있어 부정적으로 받아들일 가능성이 있다. 물론 기분 좋게 즐거운 추억을 나누지 말라는 것이 아니다. 그렇지만 자녀가 속상해하거나 실수를 한 상황에서 과거의 이야기를 끄집어내면 역효과만 생긴다. 어머니도 근래에 있었던 일들을 이야기하는 것이 좋다. 속상했던 일도 좋고, 남들에게 하기 어려운 아쉬운 말도 괜찮다. 어른이 된 자녀는 어머니의 힘든 점을 비로소 이해하고 측은한 마음도 갖게 되어 공감하고 응원해줄 것이다. 다만 신세한탄이나 원망의 하소연까지 가지 않도록 주의했으면 한다.

자녀에게 어떤 말을 해야 할지는 다소 어렵지만, 하지 말아야 말은 생각보다 간단하다. 주로 세 가지를 조심해달라고 당부드린다.

① 이미 여러 번 말한 똑같은 레퍼토리를 반복하지 않기
② 지나치게 감정적인 말을 쏟아붓지 않기
③ 자녀가 듣고 싶지 않더라도 내가 하고 싶은 말을 기어코 다 하지 않기

이 세 가지에 해당하는 경우 말하고 싶은 마음을 억누르거나 차라리 상담실에 가서 상담사에게 하는 것을 추천드린다. 친한 친구와 자주 대화하는 것도 좋은 방법이다. 자녀에게

부모와 대화하는 일이 피곤하거나 스트레스받는 일로 느껴지면 자녀와 좋은 관계를 유지하기 어려울 것이다. 자녀가 부모가 하는 말이라고 해서 기분 나쁜 말을 참아야 하는 것도 아니고, 부모라고 해서 자녀에게 자신의 부정적 감정을 마음껏 쏟아내도 괜찮은 것은 아니다.

부모의 말에 까칠해지는 이유: 스트라이크존의 변화

사회초년생, 혹은 2~4년차 직장인 자녀를 둔 부모가 진료실에 찾아와 '아이가 회사에 들어가더니 까칠하고 예민해졌어요'라고 상담을 청하는 일이 잦아졌다. 처음에는 회사에서 스트레스가 많은가 싶어 넘어갔는데, 점점 말수가 줄어들더니 기분이 좋아 보이다가도 대화하는 순간 표정이 굳는다고 한다. 부모의 말에 건성으로 대답하거나 짜증을 낸다고 서운해하기도 한다.

'회사 생활이 힘들어서 성격이 바뀐 걸까요?', '이제 돈 좀 번다고 부모를 무시하는 건 아니겠죠? 제가 예민한 거죠?' 등의 온갖 질문을 듣곤 하는데, 자녀가 한 사람의 어른으로 성장하는 과정이라고 생각하면 자녀를 이해하는 데 도움이 된다. 반대로 자녀의 상담 사례를 한번 살펴보자.

사랑하는 부모님이 '꼰대'처럼 느껴지는 시기

20대 중반부터 학업과 취업 스트레스로 우울증 치료를 받던 청년이 다행히 좋은 직장에 취업했다고 기뻐하며 찾아왔다. 금방 상태가 좋아져서 치료를 종결했는데, 1년 후에 다시 나를 찾아왔다. "증상이 전보다 나빠진 것 같아요"라는 말에 가슴이 철렁했다. 혹시 회사에서 잘렸거나 안 좋은 일이 있어 증상이 악화된 것일까? 그런데 별다른 일이 있던 게 아니었다. 직장을 다닌 뒤로 부모가 다르게 보인다는 것이다.

"전에는 그러지 않았는데, 부모님과 대화하면 답답하기만 해요. 아버지는 말씀을 감정적이고 단정적으로 하세요. '그건 아니지'라고 결론부터 말하고 자기 논리를 이어가는데, 제가 다른 의견을 말씀드리면 네가 아직 세상을 몰라서 그런다고 제 이야길 듣지 않으세요. 어머니는 다른 집과 우리 집을 비교하다가 꼭 누군가를 깎아내리거나 험담하면서 말을 맺어요. 다른 사람한테 배울 점을 찾는 게 더 좋을 텐데, 왜 그러는지 모르겠어요. 저에게 누구 아들은 벌써 결혼해서 애가 있다는 이야기를 하면서 언제 결혼할 건지 은근히 물어보기도 하는데, 지금은 일에 집중하고 싶다고 해도 나중에 또 물어보세요. 두 분 다

매번 비슷한 이야기만 하시니, 언젠가부터 듣자마자 짜증이 솟구쳐요. 처음엔 회사 생활이 힘들어서 예민해진 줄 알았는데, 시간이 지날수록 스트레스가 심해지는 것 같아요."

청년이 회사를 다니면서 성장한 덕분에 부모의 모습을 다른 시선으로 보게 된 것이다. 지난 1년 동안 청년은 회사에 들어가 가족이 아닌 어른들과 처음으로 긴 시간을 보냈다. 그러면서 자연스럽게 가족과 비교하게 되었고, 부모님의 일상적인 모습, 부모의 성격에서 비롯된 말투와 행동거지가 눈에 다르게 들어오기 시작한 것이다. 당연하고 보통이라고 여기던 것들이 사회 생활을 시작한 뒤로는 불편해지고, 자신을 존중하지 않는 것처럼 느껴지기도 한다. 그런 불편함이 쌓이자 부모의 말과 행동 하나하나가 거슬리며, 결국 부모와 대화도 줄어들었다.

청년은 우울증을 앓던 때와 비슷한 감정을 느끼니 증상이 악화되었다고 말했지만, 나는 그가 바람직한 성장의 궤적을 걷고 있다고 보았다. 성장의 관점에서 보면 청년의 고민이 눈에 환하게 들어온다. 전에는 아무렇지 않았던 부모의 말과 행동이 불편한 것은 시야가 급격히 확장한 결과물이다. 회사에 들어가기 전에는 어릴 때부터 보고 자란 부모가 어른의 기준이었고, 가족의 기준이 곧 나의 기준이었다. 그런데 회사에 들어가 낯선 어른들과 상호작용을 하는 시간이 생겼고, 청년은 적응하기 위해 상대를 관찰하고 타인의 기준을 이해하고 일부 받아들이면서 자기만의 기준을 만들었다. 이는 성인이 된 기념할 만한 순간이고, 사회적 성숙의 징표로 해석할 일이다. 청년이 갑자기 예민해진 것이 아니라 가족의 울타리 바깥으로 나가 사람들과 관계를 맺으며 성숙한 어른으로 성장하는 과정을 통과하고 있는 것이다.

'어른과 아이'의 관계에서 '어른과 어른'의 관계로

청년의 변화를 한마디로 설명하면 '스트라이크존의 변화'다. 당연하게 받아들였던 부모의 말이 어느새 스트라이크존 바깥에 있음을 느낀다. 부모의 모습을 '다르다'라고 생각할 수도 있지만, 틀린 것, 낡은 것, 바꿔야만 하는 것으로 볼 수도 있다. 그러면 부모의 말에 비판적으로 대답하거나 짜증을 내거나 요즘 세상은 그렇지 않다며 잔소리를 한다. 아예 대화를 피하기도 한다. 변화의 내막을 모르는 부모는 이런 자녀의 행동이 당황스럽다. '갑자기 얘가 왜 그러지?'라는 생각이 들면서 언짢아진다. 이제 나가서 돈을 번다고 부모가 우습게 보이는 것인가 하고 괘씸한 마음이 들기도 한다. 그렇다고 자녀의 변화에 감정적으로 대응하면 부딪치기만 할 뿐, 스트라이크존의 변화를 파악하지 못한다.

자녀의 스트라이크존은 사회에 나가 적응하고 살아남기 위해 애쓰는 과정에서 자연스럽게 변화한 것이다. 발달심리학자이자 소아정신분석학자 에릭 에릭슨Erik Homburger Erickson은 정체성을 개인적 정체성personal identity과 사회적 정체성social identity으로 나눈다. 가령 어린 시절에는 '누구 집 아이'라는 개인적 정체성이 자신을 규정하는 가장 큰 부분이었다. 그런데 사회로 나가 타인과 교류하고 직업을 가지면서 '어떤 가치관을 가진 누구', '어느 회사 사원 A'로 자리매김하며 '사회적 정체성'을 갖는다. 청년기에 접어들면 본격적으로 사회적 정체성의 지분이 빠른 속도로 늘어나 개인적 정체성의 지분을 넘어서 버린다. 자녀의 스트라이크존 변화는 바로 사회적 정체성의 지분이 늘어난 결과다.

사회생활 경험이 더 쌓이면 부모의 모습을 다시금 새로운 관점에서 이해하고 가치관의 스트라이크존도 점차 유연해질 것이니 달라진 자녀를 보며 너무 걱정하지는 말자. 사회적 정체성을 확립하는 과정이 어느 정도 안정궤도에 오르고 나면, 사회적 정체성에 집중하는 시기를 벗어나 개인적 정체성과 사회적 정체성 사이에서 균형을 잡아가게 된다. 그때까지는 자연스러운 성장 과정으로 받아들이며 지켜보자.

작가 조지 버나드 쇼George Bernard Shaw는 가장 분별 있는 행동을 하는 사람이 자신의 재단사라고 말했다. 양복을 맞추러 갈 때마다 재단사는 다시 치수를 잰다. 과거의 정보를 바탕으로 현재를 재단하지 않는 것이다. 한편 다른 사람들은 과거의 인상을 바탕으로 조지 버나드 쇼를 판단했으니, 재단사가 가장 분별 있게 느껴졌으리라. 부모도 이와 비슷할 수 있다. 개인적 정체성이 대부분이었던, 내 품에 안겨 있던 시절의 자녀를 기준으로 사회적 정체성이 팽창하고 있는 어른이 된 자녀를 바라보면 자녀를 이해할 수 없다. 혹시 나도 자녀를 어릴 때의 치수대로 보고 있는 것은 아닐까.

진료실에서 이 시기의 부모와 자녀를 만나면, 부모에게는 자녀가 사회에 나가 일인분으로 자리 잡는 과정을 열심히 해내고 있는 것이니 너그럽게 지켜봐달라고 조언하고, 자녀에게는 부모님에게는 단점만 있는지 반문해보곤 한다. 그러면 부모는 자신의 결점이나 나쁜 감정적 습관들을 보완할 수 있는 계기가 될 수 있고, 자녀는 자신이 눈에 들어온 안 좋은 모습에만 집중하고 부모의 장점을 보지 못했다는 것을 깨닫는다. 그렇게 서로의 모습을 새롭게 바라보고 자신을 성찰하면서, 어른과 아이의 관계에서 어른과 어른의 관계로 자연스럽게 변화해가는 것이다.

어른인 자녀와 대화하기:
이것만 참아도 좋다

"엄마는 아직도 제가 앤 줄 알아요"

"네가 제대로 하면 내가 이런 말을 하겠니? 오죽하면 그러 겠어, 오죽하면. 누군 좋아서 이러는 줄 아니?"

진료실에서 종종 듣는 대화다. 잔소리하는 부모에게 불평 하는 20~30대 자녀와 부모의 대답. 진료실에서도 이런 대화를 주고받으니 둘만 있을 때는 더한 잔소리를 할지도 모른다. 밥 은 제대로 챙겨 먹었냐, 빨래는 했냐, 방구석은 잘 치웠냐, 어디 아픈 덴 없냐, 보내준 홍삼이나 제대로 먹었으면 그럴 일도 없 었을 것 아니냐 같은 일상적인 것부터 신랑/신붓감은 언제 데 려올 거냐는 타박까지. 자녀가 내가 알아서 할 테니 아직도 7살 아이 대하듯 하지 말라고 짜증을 내는 모습도 함께 그려진다.

그런데 50대인 나도 비슷한 말을 듣는다. 어머니를 뵈러

가면 아무리 바빠도 밥은 잘 챙겨 먹고 다니라고, 어디 아픈 곳은 없냐고, 아직 예순도 안 됐는데 흰머리는 왜 그렇게 많냐고 속상해한다. 부모 눈에는 여전히 아이 때 모습이 어른거리기 때문이다. 부모는 애정과 염려를 담아서 행복하고 건강하게 살길 바라는 노파심에 하는 말인데, 자녀는 몇 살이 되어도 아이처럼 대하면서 간섭하는 것 같아 귀찮아 하거나 자존심이 상할 수도 있다. 아직까지도 어른으로 인정받지 못한다는 느낌에 힘이 빠지기도 한다.

심지어 드라마를 보면 재벌가의 80대 회장이 '아직 젊어서 혈기를 억누르지 못하고 잘못을 저지르는' 사장인 60대 아들을 꾸짖는 상황이 심심찮게 나온다. 어른이 된 자녀를 아이 다루듯 혼내거나 잔소리를 하는 장면은 어느 가정에서나 볼 수 있다. 하지만 자녀의 자존심을 건드리면 몇 살이 되었건 사춘기 때처럼 반항심이 들면서 맞는 말도 비꼬아 듣거나 아예 듣지 않으려 한다. 아니면 부모와 대화를 해봐야 끝이 좋지 않으니 차라리 피하는 게 낫다고 생각한다. 자녀와 불필요하게 다투거나 대화가 단절되지 않으려면, 세 가지 말만큼은 하지 않는 것을 권해드린다. 주로 부모는 조언이라고 생각하지만 자녀들은 잔소리라고 생각하거나 상처를 받는 말들이다.

잘해보라는 말은 응원이 아닐 수 있다

부모는 아이를 응원해줄 요량으로 "이번에는 잘해보자"라고 말하곤 한다. 비난할 의도는 전혀 없지만, 자녀에게는 그 말이 "잘 좀 해봐라, 좀"처럼 들릴 수 있다. 나는 최선을 다하고 있는데 부모가 그걸 몰라준다고 느껴 서운하고, 심통을 부리고 싶어진다. 노력해도 부모의 인정을 받을 수 없다고 느낄 수도 있다. 어떤 뉘앙스건 잘하라는 말은 '너는 아직 충분히 잘하는 아이가 아니다', '잘하라는 잔소리가 필요한 상태다'라는 메시지가 함께 전달해버린다. 동시에 자녀의 자존감에 따라 다르게 들리는 말이기도 하다. 자존감이 높은 상태라면 나는 나대로 잘하고 있다고 생각해서 담담하게 듣고 흘려버린다. 그러나 자존감이 낮은 상태라면 잘하라는 부모의 말 한마디가 마음이란 연못에 날아온 돌멩이가 된다. 자신에게 큰 결함이 있거나, 자신이 부모의 기대치나 사회적 평균에 한참 못 미친다고 여긴다. 그러면 다음에 잘할 수 있다고 자신을 다독이기보다 '나는 어차피 안 돼'라는 비관적 감정이 우선하게 된다.

만일 격려의 의미에서 잘해보라고 말했을 때 예상치 못한 반응을 겪었다면, 도움이 되지 않는 것을 넘어 상처를 주었을 가능성도 있다. 이럴 때는 차라리 말 없이 지켜봐주는 편이 나을 때도 많다. 부모가 나서서 해주고 싶은 마음을 꾹 참는 것이 사춘기 이후의 자녀를 대할 때 지켜야 할 첫 원칙이다.

'정신 똑바로 차려야 한다'는 말은 혼란을 줄 수 있다

사회생활을 하는 자녀가 회사에서의 일이나 관계 때문에 힘들어하거나 곤경에 빠진 것처럼 보일 때 부모가 자주 하는 말이다. "그럴 때일수록 정신을 똑바로 차려야지."

의미만 두고 보면 좋은 조언이다. 비슷한 말로는 '넋 놓고 있지 마라', '잘되겠지 하고 손 놓고 있지 마라', '정신 안 차리면 어디서 어떤 문제가 생길지 모른다' 같은 말이 있다. 순간 한눈을 팔아서 여러 일을 겪어본 인생 선배로서 건넬 수 있는 진심 어린 조언이지만, 듣기에 따라 다르게 받아들이기 쉽다.

자녀에게는 '평소에 흐리멍덩하게 있으니까 그렇지'처럼, 평소에 시원찮게 하니까 정신을 똑바로 차리라는 말처럼 들릴 수 있다. 혹은 부모가 나를 믿지 못한다고 느낄지도 모른다. 곧이곧대로 받아들여서 '정신 똑바로 차려야 해' 하고 한껏 긴장해도 문제다. 자신이 위기 상황에 처했다고 생각해 조마조마하면서 실수를 하거나 성급하게 결정해서 후회할 일을 만들지도 모른다.

이런 말을 하기 쉬운 사람은 자기애적 부모narcissistic parent다. 자기애적 부모는 자녀에게 완벽을 요구하고, 적어도 자신이 만든 기준은 넘어야 한다고 생각한다. 자녀가 기대만큼 잘하지 못하면 화를 내며 부모 자신이 모욕당했다고 느낀다. 자녀를 안쓰럽게 바라보는 것이 아니라 자기애적 분노 narcissistic rage를 실어 "정신 차려라"라고 매우 강하게 말한다. 이런 말을 들은 자녀는 더욱 움츠러들 수밖에 없다.

모든 상황에 최선인 태도란 없다. 힘들고 중요한 시기의 자녀에게는 '지금 많이 힘들겠구나' 정도로 상황에 공감하고 위로를 건네는 정도가 최선일 때가 더 많다. 가족이 아닌 다른 사람에게 하면 별문제가 없던 말도 이상하게 자녀와 대화할 때 쓰면 문제가 된다. 수십 년을 함께해온 부모 자녀 사이에 축적된 감정이 부모가 건네는 말의 의미를 의외의 방향으로 돌려버리기 때문이다.

자기애적 부모narcissistic parent

자기애적 부모는 자신이 그 누구보다 소중하고 중요하다고 여긴다. 그래서 자녀를 자신의 부속물로 여기거나 독립적인 존재로 인정하지 못한다. 자기가 생각하기에 자신에게 어울리는 사람이 되지 못하면 가차없이 비판하고, 복종·순응하지 않는 행동을 용납하지 않는다. 오직 자기가 원하는 행동을 했을 때에만 칭찬하고 인정한다. 아이가 발달 과정에서 시행착오나 실패를 겪거나 천천히 나아가는 것을 받아들이지 못한다.

자기애적 분노narcissistic rage

자신이 완벽하다고 믿는 사람은 그 완벽함이 조금이라도 훼손될 일이 벌어지는 걸 용납하기 어렵다. 그래서 타인의 공격이나 비판, 마음에 들지 않는 모습에 대해 통상적인 수준을 훨씬 뛰어넘는 강한 분노로 반응한다. 원하는 100점이 아니라면 1점이라도 적은 것도 참지 못한다.

'의지로 극복할 수 있다'는 말은 의지를 꺾을 수 있다

자녀가 우울하고 낙담해 있을 때 하기 쉬운 말이다. "정신력이 약해져서 그래. 아직 그렇게 어려운 상황도 아니잖아. 의지를 다잡으면 이겨낼 수 있을 거야."

한국 사회는 '노력'과 '의지'를 숭상한다. 어떤 상황에서도 정신을 똑바로 차리고 불굴의 의지로 노력하면 뭐든 이룰 수 있다고, '중요한 건 꺾이지 않는 마음'이며 '안 되면 되게 하라'고 말한다. 그러나 견디면 안 되는 상황에서 발휘되는 잘못된 정신력은 돌이킬 수 없는 상처를 남길 수 있다.

지치고 힘들 때는 기운이 날 때까지 쉬는 것이 정답이다. 드물게 예외적인 상황이 있겠지만, 지쳐서 숨을 헐떡이는 자녀에게 다시 한번 힘을 내보라는 말은 상처에 소금을 뿌릴 수 있다. 이는 정신과의사가 보기에 위험한 말이기도 하다. 살다 보면 최선을 다해 노력했음에도 어쩔 수 없이 주저앉을 때가 있다. 안타까운 일이지만 자녀의 힘듦을 의지의 문제로 치환해서 조언을 건네면, 상황을 더욱 악화시킬 수 있다. 암에 걸린 사람이 산에 들어가 자연식을 먹고 황토찜질을 한다고 좋아지지 않는 것과 같은 이치다. 결국 건강을 빨리 잃을 뿐이다.

자녀가 계속해서 지쳤다고 호소하면, 자녀가 편히 쉴 수 있는 분위기를 만들어주고 현실적으로 도움을 줄 수 있는 방안을 고민하자. 주변의 도움과 노력에도 계속해서 에너지 수준이 떨어지고 침울한 상태로 일상을 보내고 있으면, 우울증을 앓고 있을 수도 있으니 상담을 받거나 병원에 가보라고 권하는 게 낫다. 필요하다면 약물치료를 포함한 의사의 적극적 도움을 받아야 한다.

부모의 따스한 조언에 악의가 있을 리 없다. 그래서 속상해하는 부모도 많다. 답답하고 안타까워서 하는 말인데 자식은 몰라준다고. 하지만 마음이 앞서서 건네는 충고의 말들은 자녀에게는 특효약이 되기보다 역효과를 내는 독이 되기 쉽다. 선의로 하는 모든 말이 다 내 의도대로 전달되지 않는다. 특히나 내 자녀가 다 큰 어른이라면.

자녀를 돈으로 통제하지 마라

우울증 치료를 받는 30대 초반 여성 민정 씨는 결혼 3년차다. 올 때마다 시댁과의 거리가 너무 가까워서 스트레스가 심하다고 호소하는데, 좀처럼 나아질 기미가 보이지 않는다. 대학생 때 같은 학과에서 만난 남편과 오래 연애하다가 취직한 직후에 결혼했고, 시부모님이 남편의 결혼을 대비해서 작은 아파트를 사둔 덕에 신혼집 마련에 골머리를 앓지 않을 수 있었다. 친구들은 결혼생활을 2루에서 시작한 거나 다름없다며 부러워했는데, 결혼생활은 예상과 많이 달랐다. 신혼집은 시댁과 같은 아파트 단지였고, 시댁 베란다에서 소리치면 들릴 정도로 가까웠다. 맞벌이를 하니 남편이 먼저 퇴근하면 시댁으로 가서 저녁을 먹는 일이 잦았고, 그때마다 "너도 밥 먹으러 와"라고 편하게 말하는데 시댁에서의 저녁 식사가 마냥 편할 리 없었다. 임신한 후에는 휴직을 하고 주로 집에서 시간을 보냈는데, 시어머니가 연락도 없이 벌컥벌컥 문을 열고 들어온다. 반찬을 싸올 때도 있고, 그냥 얼굴을 보고 싶다고 올 때도 있다. 전화라도 주시고 오면 어떠냐고 조심스럽게 말해봤는데, 식구끼리 무슨 전화냐며 서운해할 뿐 달라지는 건 없었다. 이제는 아침부터 들이닥쳐 집 청소를 하거나 남편의 아침밥을 차려주기까지 한다. "애도 곧 나올 텐데, 힘들까 봐 그렇지." 챙겨주시는 것은 정말 고맙지만, 마음 편하게 쉴 수 있는 날이 하루도 없는 것 같다. 어머님께서 매번 도와주시는 게 너무 죄송해서 가사 도우미를 부르겠다고 해도, 시어머니는 "아니 왜 애먼 돈을 들여서 사람을 써"라고 하시면서 매사에 손발 걷어붙이고 나선다.

남편이 어머니가 집안일도 도와주니 얼마나 좋으냐고 속 편한 말만 하길래 설움이 북받쳐 몇 번이나 싸웠다. 이사를 가자고도 해봤지만, 부모님이 선뜻 신혼집도 해주셨는데 세 주고 나가는 게 말이 되냐며 다시 말다툼만 하게 된다. 남편이 자주 찾아가 사회생활이나 결혼생활에 대한 고민을 털어놓으니, 시부모님께서는 부부의 대소사에 의견을 내며 관여하기까지 한다. 경제적으로 조금 어렵더라도 시부모님의 도움을 거절했어야 하나 계속 후회되고, 아이가 태어나지도 않았는데 애는 어떻게 키워야 한다느니 손주 양육에도 벌써 관심이 많다. 시댁의 간섭이 더 심해질 것이 눈에 선해서 앞날이 답답하기만 하다.

경제적 지원이 자녀의 삶에 간섭할 권리는 아니다

신혼집을 얻어주셨으니 시댁의 간섭을 감내해야 할까? 반대로 부모의 입장에서, 신혼집을 얻어주었으니 편안하게 집을 드나들고 집안 대소사에 관여해도 괜찮은 걸까? 부부가 감사한 마음을 갖는 것은 당연하지만, 그렇다고 부모가 자녀의 결혼생활에 관여할 권리가 있는 것처럼 행동하면 부모와 자녀의 관계나 자녀 부부의 관계에 금이 갈 수 있다.

다른 경우를 한번 살펴보자. 40대 후반의 부부가 불면과 불안을 호소하며 찾아왔다. 남편은 유복한 집안의 첫째로, 좋은 대학을 나와 대기업에 다니는 것은 아니지만 자기 사업을 안정적으로 하고 있어서 걱정할 일이 없어 보였다. 아버지가 모아둔 재산이 제법 되는 덕에, 부부의 수입만으로는 보내기 어려운 사립초등학교나 국제중학교 학비, 입시를 위한 사교육비 등 손자의 교육비를 많은 부분 지원해주고 있다. 부부는 그렇게까지 해야 하나 싶었지만 자녀도 좋아하는 데다 아버지의 의지가 완고해서 거절할 수 없었다. 자녀들의 성적이 잘 나오자 아버지는 다 자기 말대로 한 덕분이라며, 집을 얻어줄 테니 학교는 어디서 다녀야 하고 어느 대학에는 가야 한다며 간섭하려 한다. 부부가 조심스럽게 다른 의견을 내면 자녀들 보는 앞에서까지 '재는 어렸을 때부터 공부를 못 해서 뭘 모른다'는 둥 남편을 깔보는 말을 한다. 해주신 것이 많으니 매몰차게 거절할 수는 없고, 아버지가 또 어떤 말을 할지 몰라 밤마다 잠이 안 온다는 것이다.

양육에 들어가는 비용이 많아지면서 조부모가 양육 비용을 지원하는 일이 흔해졌다. 조부모의 도움은 고마운 일이지만, 이를 지렛대로 삼아 자녀 부부의 생활에 간섭하려는 사람도 덩달아 늘어났다. 은퇴할 시기에 재산을 미리 증여로 물려주면 노후가 불안해질까 걱정되고 자녀가 자신을 찾지 않을지도 모른다는 생각에 끝까지 재산을 갖고 있으면서 자녀를 통제하려 한다. 과거에는 드라마 속 재벌집에서나 볼 수 있는 풍경이었지만, 베이비붐 세대는 자녀 세대보다 부모의 재산이 많은 경우가 흔하다. 노동소득에 비해 부동산 가격이 큰 폭으로 높아진 데다, 저성장 시대가 지속되면서 자녀 세대는 대부분 부모와 비슷한 수준의 재산을 축적하기 어려워졌다. 금수저니 흙수저니 하는 말이 널리 쓰이는 것도, 부모가 재산을 물려주지 않으면 계층 상승이 어려운 현실을 보여준다.

물려줄 수 있는 재산을 꽤 갖고 있는 부모 중에 노후 빈곤에 대한 두려움으로 돈을 갖고 있는 것이 아니라, 돈으로 자녀의 관심과 애정을 사려는 사람도 늘어나고 있다. 사회 양극화가 부모 자녀 관계에 반영되고 있는 것이다. 그러나 경제적 지원으로 애정과 관심을 얻고 자녀의 삶에 간섭하려고 하면, 자녀는 부모의 비위를 맞춰주고 돈만 받으려는 잘못된 버릇이 생기고 부모는 돈이 떨어지면 나를 허투루 볼 것이라 여기며 더욱 돈으로 자녀를 컨트롤하려는 악순환에 빠질 위험이 있다.

자녀들의 관계를 파국으로 치닫게 하는 부모의 행동

형제자매가 여럿인 경우에는 증여와 상속 문제로 갈등이 극심해질 수 있다. 진료실에서 만난 60대 여성은 재산 상속 문제로 두 오빠와 영영 보지 않게 되었다고 말한다. 첫째 오빠는 공부를 잘해 의대를 가서 부모님이 헌신적으로 지원해줬고, 둘째 오빠는 좋은 대학을 나오진 못했으나 사업을 해서 경제적으로 성공했다. 셋째인 자신은 이혼을 하고 10년 동안 함께 살면서 부모님을 모셨다고 한다. 부모님은 첫째 아들네 집에서 지내길 원했으나 두 아들은 며느리와 손자까지 있는 집에서 지내시는 것보단 혼자 사는 딸과 함께 지내는 게 편하지 않겠냐며, 막내인 자신에게 부모님 집에 들어가 부모님을 모시라고 했다. 그 후 부모님은 유산을 두고 누구를 줄지 고민 중이라면서 첫째네 손자가 보고 싶다, 둘째네 집에 놀러 가고 싶다 하셨고, 자신에게는 소박을 맞았다고 구박하다가도 우릴 돌봐주는 건 너뿐이라며, 유산은 걱정하지 말라고 달래기도 했다. 첫째와 둘째도 부모의 재산은 신경 쓰였는지 부모님을 자주 찾아뵈러 오면서도, 좋은 걸 못 드신다느니 막내가 부모를 제대로 모시지 못한다느니 은근히 깎아내렸다. 그러니 세 남매 사이가 안 좋아질 수밖에 없었는데, 부모님은 돌아가시기 전에 유산에 관해 하나도 정리하지 않았다.

첫째는 내가 맏아들이니 자신이 많이 상속받아야 한다고 주장했고, 둘째는 형은 이미 받을 만큼 받았으니 많이 양보해서 균등 배분을 해야 한다고 했고, 셋째인 자신은 10년 동안 부모님을 모셨으니 적어도 부모님 집은 자기가 살 수 있게 달라고 했다. 각자 부모님이 자기 몫을 잘 챙겨주겠다고 말했다며 끝도 없이 싸웠고, 결국 유류분 청구 소송으로 마무리되었다. 부모님의 유산을 두고 다투기 전까지는 그래도 사이가 나쁜 편은 아니었는데, 이제는 원수보다 못한 사이가 되었다며 부모님을 힘들게 모신 기억과 오빠들의 모진 말이 자꾸 떠올라 힘들다고 했다. 참으로 안타까운 일이 아닐 수 없다.

자녀에게 갈등과 불행의 빌미를 주지 말자

요즘 진료실에서 이와 비슷한 사연들로 찾아오는 분들을 종종 만난다. 자녀를 경제적 지원으로, 유산으로 통제하려다 보니 발생하는 비극이다. 이처럼 어른이 되어서 자기 생활을 자녀를 돈으로 통제하려 하지는 않았으면 한다. 경제적 지원은 내가 좋아서 기쁜 마음으로 하는 일, 나의 여윳돈을 소비하는 하나의 방법일 뿐이다. 고맙다는 인사를 받으면 기쁘고, 아니어도 그만이라는 마음을 가져야 내가 편하다. 서운한 마음이 들어도 내

속만 상할 뿐이다.

상속과 증여에 대해서는 미리 어느 정도 말을 해두자. 자녀 중 누군가는 서운해할 수도 있겠지만, 모두가 만족할 수 있는 경우는 없는 것 같다. 도리어 부모가 아무 언질 없이 사망한 다음 형제 간에 큰 다툼이 생길지도 모른다. 서로 얼굴을 붉히기 싫어서 유산이나 상속 같은 돈 얘기를 피하다가 생기는 일이다. 부모는 갈등을 피할 수 있을지 모르지만, 남겨진 자녀들은 각자 자기 방식으로 해석한 부모의 의중을 주장하며 정답 없는 문제 풀이로 감정의 골만 깊어진다. 행여 갑자기 건강이 안 좋아지거나 치매 등으로 판단능력이 떨어질 경우를 대비해, 미리 교통 정리를 해놓는 필요도 있다.

지금 60대가 된 세대는 과거에 비해 어느 정도 자산 축적이 이루어진 집안이 많다. 그럴수록 상속처럼 분쟁이 생길 만한 일은 미리 분명히 해두는 지혜가 필요하다. 어릴 때 수박 한 조각 더 먹겠다고 다투던 자녀들이 그것과는 차원이 다른, 유산 다툼을 하게 될지도 모른다. 부모로서 더 중요한 것은 자녀에게 많은 돈을 쥐여주는 것이 아니라 불행의 씨앗을 남기지 않는 것이 아닐까.

자녀가 자신의 일을 편하게 이야기하려면

가족끼리 저녁을 먹는데 아이가 이런 이야길 꺼냈다.

"아빠, 어제 친구들이랑 충무로에 있는 ○○에 가봤어요. 오래된 가게인데 분위기도 좋고 음식도 괜찮더라고요. 혹시 가봤어요?"

그 식당은 내가 전공의를 하던 시절부터 가던 곳이라 잘 아는 곳이었다. 장사를 시작할 때 팔았던 음식들, 반갑게 맞아주시던 사장님의 얼굴, 그곳에서 친구들과 함께 보냈던 시간들이 새록새록 떠올랐다. 그런데 몇 년 전 사장님이 바뀌면서 음식 맛이 달라졌고, 여러 매체에 '오래된 노포 맛집'으로 소개된 후로 사람이 많아져서 잘 가지 않게 되었다. 내 삶의 역사가 깃든 식당이기도 하니 하고 싶은 말이 많았지만 참고 물어봤다.

"전에 가본 적은 있지. 너희들이 보기엔 어땠어? 내 또래 사람들만 가는 곳인 줄 알았는데, 의외인데?"

　내가 관심을 보이자 아이는 친구들과 어떤 메뉴를 먹었는지, 친구들 반응은 어땠는지, 어떤 점이 새롭고 좋았는지 말해주었다. 젊은이들이 그 식당을 보는 관점이 나와 달라서 흥미로웠다. 그러다가 자연스럽게 레트로가 유행하는 것, 세칭 '힙지로'라고 하는 을지로 골목의 오래된 건물에 연 카페나 술집이 인기를 끄는 이유 등으로 화제가 넘어갔다. 만일 내가 아이의 의견을 묻기 전에 이렇게 말했다면 어땠을까?

　"예전엔 자주 갔는데, 몇 년 전부터 음식 맛이 달라져서 이젠 안 가. 1대 사장님인 어머니가 지금 사장님에게 가게를 물려줬는데, 그때부터 음식 맛이 안 좋아져서 진짜 잘 아는 사람들은 안 가는 곳이지. 차라리 그 앞에 있는 ◇◇이 낫겠다. 거기는 어떻게 찾아갔니? 요즘 오래된 노포를 찾아가는 게 유행이라, 맛이 변해버린 곳도 대단한 가게인 양 과장하고 있어."

　아이는 당연히 묵묵히 밥만 먹었을 것이다. 속으로 '아빠는 꼰대'라고 생각했어도 이상하지 않다. 물론 과거에 어떤 추억이 있었는지 대화 마지막쯤 짤막하게 덧붙이긴 했지만, 먼저 아이의 감상을 물어본 덕분에 즐겁게 대화를 나누며 저녁을 먹었다. 아이는 다음번에도 편하게 이야기를 꺼낼 것이다.

평가하거나 가르치지 말고 물어보자

어른이 된 자녀와 편하게 대화하려면, 자녀가 어떤 이야기를 꺼냈을 때 '아이는 어떻게 느꼈을까?'를 궁금해하며 물어보자. 앞의 대화에서도 그 식당을 간 아이의 선택, 변한 음식 맛에 대한 내 평가를 먼저 말했다면 아이는 자신이 평가받는 기분이 들어 대화가 불편했을 수 있다. 한편 호기심과 흥미를 보이며 자녀의 감상을 물으면 자녀도 관심에 기뻐하며 대답할 것이다.

잘한 일을 잘했다고 칭찬하는 것도 문제냐고 물을 수 있다. 그런데 칭찬을 하면서 이야기를 듣다가도 부모의 마음에 걸리는 것이 있다면 바로 비판의 말이 나올 수도 있다. 혹은 자녀의 행동을 교정하는 데 익숙해서, 가르치려는 말로 이어질 수 있다.

자녀는 부모에게 무언가를 숨기다가 혼난 경험이 있어서, 부모의 질문에 쉽게 긴장하곤 한다. 그러니 다른 마음 없이 순수하게 궁금하다는 태도를 보이자. 사람은 누구나 나를, 내 이야기를 궁금해한다고 느낄 때 편안하게 입을 연다. 그렇게 부모와 즐겁게 대화한 경험이 쌓이면 자녀가 선뜻 자기 이야기를 꺼낸다.

꺼내지 말아야 할 단어들

한편 자녀가 크고 작은 사고나 힘든 일이 있었다고 말하면, 부모가 꺼내는 세 단어가 있다. 바로 '(도)대체', '왜', '넌'이다. 예를 들어 "대체 왜 넌 그런 일이 생기니?" 같은 말이다. 비난하려는 것이 아니라 놀라고 걱정되는 마음에 원인을 같이 찾아보자는 뜻이지만, 듣는 사람은 '나 같은 사람에게만 생기는 일이구나'와 같이 받아들일 수 있다. 내가 잘못한 것 같고 혼나는 기분이 든다. 대신 "어쩌다가 (우리에게) 이런 일이 일어났을까?"라고 말하는 편이 좋다. 원인을 찾기보다는 자녀가 겪고 있는 일을 함께 차분히 돌아보자는 의도를 담는 것이다. '대체'와 '왜'보다 '어쩌다가' 같은 표현이 어떤 사건이 자녀의 잘못이 아니라 불가항력적 이유로 벌어졌다는 뉘앙스를 준다. 특히 '너' 대신 '우리'라는 표현을 쓰면, 자녀가 겪은 일이지만 우리의 일이기도 하다는 뜻을 전할 수 있어 자녀를 안심시킬 수 있고, 부모가 나의 일을 함께 해결해주려 하니 응원받는 기분을 느낀다. 그래서 "그럼 우리 이제 어떻게 할까?" 같은 말이 원인 분석보다는 함께 해결하는 것이 중요하다는 의미를 전할 수 있다.

아쉬운 마음보다는 감탄을 먼저 드러내자

지금까지 몇 번 이야기했지만, 자녀가 살아가는 지금 세상은 전보다 경쟁이 치열하고 성취를 이루기 어려운 사회다. 부모가 해왔던 것처럼 학교를 다니고 취업을 하기 위해 자녀는 보다 힘겨운 과정을 지나왔을 확률이 높다. 부모의 눈에 자녀의 성취가 대단해 보이지 않을 수도 있지만, 아쉬운 점을 조언하기에 앞서 감탄하고 놀라워하는 모습을 보이자.

"와, 대단한데? 내가 네 나이 때는 그런 일은 상상도 못 했는데, 넌 벌써 그런 생각을 했구나."

그다음에 인생 선배로서, '만약 내가 인생 2회차를 산다면 말이야' 같은 느낌으로 하고 싶은 조언을 해보자.

"만약 내가 너와 비슷한 시기를 지나고 있었다면 말이지…."

자녀가 내 조언을 받아들이는 자세가 달라질 것이다. 먼저 조언부터 꺼내면 자녀는 자신의 성취를 인정받지 못한 기분이 들고, 부모의 조언은 어떤 실수나 잘못에 대한 지적으로 들린다. 그런데 부모가 먼저 인정해주고 감탄하면, 부모의 조언이 지금보다 더 잘하는 방법을 알려주는 말로 들릴 것이다.

자녀가 새로운 물건을 샀을 때도 비슷한 반응을 보이면 좋다. 자녀 세대는 부모 세대와 소비 기준이나 습관이 다르다. 그래서 부모는 자녀가 사온 물건을 보며 '대체 저런 건 왜 사는 거야'라는 불만이 들 수도 있다. 그런 마음에 잔소리를 하면 세상을 탐색하고 자신의 취향을 만들어가는 자녀에게 찬물을 끼얹는 것이 된다. 자녀는 부모가 자신의 취향을 이해하지 못한다고 여겨 자신의 소비를 감춘다. 자녀와 거리감만 생길 뿐, 정말 잘못된 소비 습관이 있어도 고치지 못한다.

자녀는 한창 새로운 것을 알아가면서 쾌감을 느끼고 자신의 취향을 만들어가는 보람을 얻는 시기다. 반면 부모는 나이가 들면서 도파민 분비도 줄어들고 새로운 것을 봐도 시큰둥할 뿐이다. 먹던 것을 먹고 입던 옷을 입는 것이 편한 시기다. 그런 부모의 눈으로 자녀의 취향을 평가하고 알아가려 노력하지 않는다면, 부모가 세상의 변화에 뒤처져 자녀가 살아갈 세상이 어떠한지, 자녀가 그 세상에서 어떤 선택을 내리며 살아가는지 모르게 된다. 자녀가 어릴 때는 부모가 세상의 지식과 경험을 물어와서 입에 넣어줬다면, 이제는 부모가 집에 머물고 있으면 자녀가 세상에서 보고 배운 것을 알려주는 것이 자연스러운 역할의 전환이다.

이 시기의 자녀는 아직 자기 스타일을 만들고 있으니 시행착오를 겪는다. 충동적으로 샀다가 한 번도 안 쓰고 버리는 물건도 있을 것이고, 기대와는 달라 속상해하기도 할 것이다. 그 모습이 답답할 수 있겠지만, 사실 부모도 20~30대에 모두 겪어본 일들이다. 그리고 자신만의 취향을 갖춘 사람이 더 매력적으로 보이고 인정받는 세상이 되었다. 부모의 잔소리는 자녀의 취향 형성에도 부정적인 영향을 미칠 수 있으니, 취향을 찾아가는 모습을 너그럽게 바라보자.

그래도 잔소리를 한마디 해야 한다면 어느 타이밍에, 어떻게 하는 게 좋을까? 노벨 경제학상을 받은 심리학자이자 경제학자 대니얼 카너먼Daniel Kahneman은 정점과 종점 규칙peak-end rule을 제시한다. 가장 좋았던 시기와 마지막 순간의 경험이 전체적인 인상을 결정한다는 것이다. 이에 따르자면 중간에 칭찬할 만한 이야기를 하나 넣고 마지막에는 좋은 이야기로 마무리한다고 생각하고, 그 사이에 정말 하고 싶은 잔소리를 짧게 하는 것이 좋다. 그러면 부모에게 혼이 났다거나 잔소리만 들었다고 기억하지 않는다. 듣는 자녀의 기분이 상하지 않아서 그 덕에 잔소리를 잘 받아들이게 만드는 기술이다.

자녀에게 조언을 해주고 싶은 마음을 참지 못해 평가하고 가르치려 드는 일이 반복되면 자녀는 자신의 삶을 보여주지 않는다. 어느새 자녀와 사이가 멀어져서 가까워지기 어려운 깊은 계곡을 사이에 둔 상태가 될 수도 있다. 그러니 자녀가 펼치는 인생이라는 경기에서 부모는 같이 뛰는 동료 선수가 아니라, 최상의 컨디션으로 경기를 뛸 수 있도록 도와주고 정신적으로 지탱해주는 스태프라고 생각해보자. 자녀가 지고 있든 이기고 있든 부모는 한결같은 마음으로 힘을 북돋아 줄 뿐이다. 잘 되면 기쁘고 안 되면 내가 어쩔 수 있는 게 아니라는 마음으로 자녀를 대한다면, 자녀와 서로의 삶을 나누며 살아갈 수 있을 것이다.

자녀와 틀어진 관계를 회복하는 방법

　　어른이 된 자녀와 부모가 병원에 따로 찾아와 서로에 대한 불만을 토로하기도 한다. 대화가 단절된 채 오랜 시간이 지났거나, 대화를 시작하면 금세 싸움이 되어버리는 안타까운 상태다. 관계는 유지되고 있지만 서로에 대한 실망이 너무 커서, 명절이나 생일 말고는 왕래가 뜸하고 만나도 말이 길어지면 언성이 높아진다. 싸우지 않고 좋게 헤어지는 날에는 집으로 돌아오는 길에 긴장이 풀려 나도 모르게 한숨이 나온다. 대화로 문제를 해결할 수 없으니 각자 병원에 찾아와 서로에 대한 원망과 스트레스를 털어놓는다. 아무래도 병원을 찾아오는 분들은 우울, 불안, 불면을 앓는 경우가 많으니 갈등하는 가족을 많이 보게 된다. 그분들을 보면 화목한 가족 관계를 유지하는 것이 얼마나 어려운지 새삼 느낀다.

찾아오시는 분들은 모두 관계 회복의 실마리를 찾고 싶어한다. 그런데 큰맘 먹고 두 분이 진료실에서 마주 앉아 응어리를 풀어보려 해도 더 엉키기만 하는 털실뭉치처럼 꼬여버릴 때가 많다. 차분하게 대화를 시작해도 감정이 솟구쳐 서로를 포기하는 듯한 말을 하고 만다.

"전 이제 더는 못하겠어요. 어쩌다 저렇게 자라버린 건지. 다 잘못 키운 제 잘못인가 봐요."

"자식은 왜 부모를 선택할 수 없죠? 저런 부모를 만나다니 저는 너무 재수가 없어요."

서로 관계를 회복하고 싶은 마음이 있는데도 잘못 키웠다며 한탄하거나, 마치 '뽑기 운이 나빴다'라는 식으로 자조하듯 공격하는 태도를 보이면 감정의 골만 깊어진다. 관계 회복의 실마리는 어디서, 어떻게 찾아야 할까?

얼굴만 보아서는 알 수 없고, 말하지 않으면 모른다

오랫동안 상담을 하며 부모 자녀 사이의 오해, 실망, 원망의 이야기를 들으면서 '서로 이렇게 다가가보면 어떨까'라고 생각해온 것들이 있다. 이를 말씀드리기 전에 어렵더라도 세상을 먼저 살아온 부모가 먼저 손을 내밀길 바란다. 다음 두 가지만 주의해서 자녀에게 다가가본다면, 대부분 관계 회복의 실마리를 찾을 수 있다.

첫 번째는 상대의 말을 끝까지 듣기 전에 혼자 판단하지 않는 것이다. 오래 알고 지낸 사이다 보니 부모는 자녀를, 자녀는 부모를 속속들이 안다고 착각하기 쉽다. 주저하는 모습, 미묘한 표정 변화, 짧은 한숨 같은 작은 신호만으로 상대의 감정과 태도를 단정해버린다. 이는 포유류의 뇌에 있는 편도amygdala라는 기관 탓이기도 하다. 편도는 위험을 감지하는 능력이 뛰어나서, 무언가를 자세히 살펴보기 전에 위험한지 아닌지를 즉각적으로 판단해 도망갈지 마주할지 결정하는 역할을 한다. 위험으로부터 재빨리 벗어나기 위해 만들어진 기관이다. 그런데 편도는 감정을 경험한 기억도 저장하며, 눈으로 보고 귀로 듣는 감각적 경험에 민감하게 반응한다. 특히 예민한 사람일수록 편도가 발달해 있다. 감정의 기억이 오랜 시간 쌓인 부모와 자녀 사이에서 편도가 활발하게 활동하는 것은 당연한 일이다. '부모님은 여전히 나를 인정하지 않구나', '내가 탐탁지 않구나', '기대한 내가 잘못이지' 같은 감정적 판단을 재빠르게 내리고, 그 감정적 판단에 따라 행동한다. 감정emotion이 행동motion을 결정하는 것이다.

편도의 작용을 그대로 따르면 혼자 기대하고, 판단하고, 실망한다. 차분히 대화해보자고 마주 앉은 자리에서 어색함에 머뭇거리는 것을 여전히 방어적인 태도를 취한다고 오해하거나 나랑 말하기 싫은데 억지로 마주 앉은 것이라고 단정한다. 오랫동안 쌓여온 감정적 기억 때문에 직감이 먼저 반응해 결론을 내린다. 그러나 순간적인 느낌을 사실로 받아들이면 관계 회복의 실마리는 찾을 수 없다. 자신의 직관을 믿는 사람일수록 편견에 따른 반응을 하기도 쉬워진다.

그 연장선에 있는 태도가 말하지 않아도 알아주길 바라는 것이다. '가족인데 그런 것까지 말해야 아나요?'라는 태도는 서로가 무엇을 원하는지 알지 못하게 한다. 수십 년을 함께한 가족이라면 서로의 마음을 알 수 있다고 믿으며 속마음을 터놓지 않는다. '말하지 않아도 알아요'라는 유명한 광고 카피나 '우리가 남이가'라는 상투적인 표현은 이러한 '우리' 문화를 적나라하게 보여주는 말이다. '우리' 문화는 '우리'를 '나'의 확장이자 내 자아와 거의 같은 심리적 공간으로 여기는 것이다. '우리'는 서로를 잘 파악하고 있다고 믿으면서 살아가고, 동상이몽의 조짐을 감지하지 못한다. 이런 '우리'의 문제가 가장 크게 발생하는 것은 바로 가족이 아닐까?

그러니 바라는 게 있어도 말하지 않은 채 혼자 기대하고, 그만큼 돌아오지 않으면 실망한다. 가족이라면 말하지 않아도 마음을 알아줄 만큼 나를 아껴줘야 한다고 믿기 때문이다. 부끄럽고 민망하다는 마음이 먼저 들어 솔직하게 바라는 것을 드러내지 못한다. 양반은 얼어 죽을지언정 곁불을 쬐지 않는다는 말처럼 쓸데없는 자존심을 부린다.

자신의 마음을 솔직하게 드러내지 않는 태도는 자녀에게서도 흔히 볼 수 있다. 칭찬에 인색한 부모 밑에서 자랄수록 자신이 잘한 것을 당당하게 자랑하지 못하고, 원하는 것을 요구하지 못한다. 부모는 자녀가 겸손을 배우길 바라는 마음으로, 혹은 자만심이 생길까 걱정되어 자녀의 성취를 두고 '그게 뭐 대단한 일은 아니다'라는 식으로 말하곤 한다. 그런 반응에 지친 자녀는 뭘 해도 비슷한 반응이 돌아올 거라며 자신을 꼭꼭 숨긴다.

지레짐작을 멈추고, 담담하게 속마음을 드러내자

서로 한 발 다가서려면 상대에 대한 감정과 상대의 말을 최대한 떨어뜨려 듣고, 전하고자 하는 내용은 단순하고 솔직하게 전해야 한다. 간단해 보이지만 실천하기는 쉽지 않은 해결책이다.

먼저 오해를 푸는 데 집중해보자. 사이가 틀어진 가족이 서로의 행동을 보며 짐작하는 것과 달리, 사람이 하는 대부분의 행동에는 아무런 의도가 없다. 지금 관계가 좋지 않고 회복하기 어렵다고 생각해서, 상대가 그럴 의지가 없다고 판단해서 상대의 행동을 자신의 부정적인 추론에 맞추어 해석했을지도 모른다. 상대의 말을 곧이곧대로 듣고 궁금한 것은 물어보자. 그렇게 한 발 한 발 내딛다 보면 오해를 넘어설 수 있다.

그다음은 원하는 것을 분명히 말하는 것이다. '말하지 않아도 아는 것'은 늘 지켜야 하는 미덕이 아니다. 어차피 내가 바라는 것을 말해도 상대는 들어주지 않을 수 있다. 자존감이 충분히 건강하다면 상대가 들어주든 아니든 상관없이 내가 바라는 바를 담담하게 말할 수 있다. 단적으로 예를 들면 이렇게 말하는 것이다.

"당장 필요한 게 없으니, 생일선물을 주려거든 그냥 상품권으로 줘라."

"이 집은 주택연금으로 전환해서 너희에게 손 벌리지 않고 살 테니, 나 죽고 난 다음에 남는 몫만 너희가 나눠 가져라."

"병원에서 다음 주에 오라고 하는데, 수고스럽겠지만 네가 도와줬으면 좋겠다."

자녀도 그렇다. 부모가 찬물을 끼얹는 소리를 하든 말든 자기 이야길 해보자. 부모는 경솔해져서 일을 그르치지 말라는 염려를 떨치지 못해서 그렇게 말하는 것일 뿐, 자녀가 늘 잘되기를 바란다. 부모가 뭐라고 하든 자신의 야망이나 성취를 이야기해보자. 하소연이나 힘든 이야기보다 좋은 분위기로 흘러가게 만든다. 게다가 그 말들은 다 부모의 마음속에 남고, 자녀를 이해하는 실마리가 된다.

부모는 부모대로, 자녀는 자녀대로 행복해야 한다

위니컷은 부모는 자녀를 키우면서 기본적으로 죄책감을 느끼는 경향이 있다고 말한다. 약간의 죄책감은 자녀에게 무엇이 최선일지 세심하게 살피고 부모의 판단과 결정을 돌아보게 만들어 부모와 자녀 관계에 긍정적인 역할을 하지만, 죄책감이 지나치면 자책이나 분노로 이어져 자녀를 공격하거나 방임할 수도 있다. 이는 죄책감을 강하게 자극받으면 상황을 외면하게 된다는 의미이기도 하다. 혹시 자녀에 대한 미안한 감정이 마음의 중심에 자리 잡고 있는 건 아닌지 자신을 돌아보는 것도 관계 회복의 실마리를 찾을 수 있는 하나의 방법이다.

그리고 부모와 자녀가 모두 가지면 좋을 궁극의 태도가 있다. 바로 '알아주지 않아도 괜찮아'다. 부모가 알아주든 몰라주든, 반대로 자녀가 알아주든 몰라주든 나는 나대로 행복하면 된다는 마음이다. 반드시 상대의 도움이나 인정이 필요한 경우가 아니라면, 상대가 내 마음을 몰라줬을 때 서운해하거나 섭섭해하기보다 아쉬워하는 마음을 가져보자. 내 마음을 알아주면 좋겠지만, 몰라준다 해도 조금 아쉬울 뿐이라고. 내가 나대로 행복하게 살아가는 것에는 지장이 없다고. 내 삶의 만족은 자녀가 내 마음을 알아주는 것에서 오는 것도, 말하지 않았는데도 자녀가 알아서 챙겨준다고 남들에게 자랑하면서 생기는 것도 아니다. 내가 내 삶을 만족스럽게 관리하고 꾸려나갈 때 찾아오는 것이다. 평소 건강한 자존감을 가꾸면 부모와 자녀가 사이좋게 지내는 데 큰 도움이 된다. 외부의 인정이나 평가에 의존하지 않고 스스로 잘해나가고 있다고 여기면서 정서적 자급자족을 이룰 수 있기 때문이다.

　이상적인 관계를 만드는 것까지는 언감생심인 상황이라면, 최소한 이 정도 마음가짐은 가져보는 게 어떨까. 서로 말이 끝나기도 전에 속으로 '또 시작이군' 하며 혀를 끌끌 차고 한숨 쉬며 서로에 대한 실망만 안고 돌아서는 일은 막을 수 있을 것이다.

4장

자녀의 결혼, 그리고 손자

결혼 안 하는 자녀,
잘 지내면 걱정하지 말자

"속상해 죽겠어요. 저녁만 되면 가슴이 콩닥거리고 열불이 나서 잠도 못 자겠어요."

진료실을 찾아온 60대 후반의 여성은 전형적인 불안장애 증상에 경증의 소화불량까지 있었다. 환자의 말처럼 '홧병'이라고도 할 수 있겠다. 그런데 말하는 태도는 불안장애나 경증 이상의 우울증을 겪는 환자들과 달리 활발하고 적극적이다. 종교활동을 규칙적으로 하고 친구들과 운동도 다니며 집안일을 도맡아 하는 등 에너지가 충분한 사람이다. 어떤 이유로 불안을 겪는지 짐작하기 어려웠는데, 그다음 말로 분명해졌다.

"딸애는 벌써 30대 중반인데, 그 나이 되도록 결혼을 안 해요. 결혼할 나이는 한참 지났는데⋯ 아들놈도 마찬가지예요. 곧 마흔을 바라보는데 결혼은 족쇄라나 뭐라나. 저녁마다 집에 들어오는 아들을 보면 아주 속이 끓어요. 멀쩡한 놈이 혼자 늙는 걸 보자니…."

"자녀분들이 일은 안 하시나요?"

여성의 표정이 밝아지고 목소리도 높아진다.

"딸은 대형 회계법인에서 회계사로 일하고 있어요. 엄청 바빠서 늦게 퇴근하는 날이 많다는데, 그래도 그만큼 버니 괜찮죠. 아들은 곧 과장으로 승진해요. 조금 늦었나 싶어도 대기업 과장이라니 제가 다 뿌듯하죠."

"걱정이 없으시겠네요"

"무슨 걱정이 없어요. 이 나이까지 애들 뒤치다꺼리하면서 살고 있는데요. 딸은 직장이 멀다고 혼자 나가 사는데, 밥이나 제대로 챙겨 먹는지 모르겠어요. 그리고 아무리 돈을 잘 번다고 해도 다 큰 애가 결혼을 해야 하지 않겠어요? 그래야 나도 편하게 여행도 다니고 쉬고 그러지."

"지금도 여행은 잘 다니시는 것 같은데요…."

"아니 제 말은 그게 아니라…."

불안장애 증상은 심하지 않아 이후 두 달에 한 번씩 뵙기로 하고 노인성 불면을 개선하는 약만 처방해드렸다. 이후 찾아오실 때마다 증상에 대한 이야기는 잠깐 꺼냈다가 결혼하지 않는 아들과 딸에 대한 불평으로 진료 시간을 채웠다. 두 자녀 모두 좋은 직장을 다니며 인정받고 있으니 얼마나 대견하냐고, 다 어머님이 잘 키우신 덕이라고 말하면 잠깐 표정이 밝아졌지만, 이내 결혼을 하지 않았으니 다 무슨 소용이냐는 말로 돌아갔다.

결혼은 점점 부담스러운 선택이 되어가고 있다

　결혼하지 않는 청년은 점점 늘어나고 있지만, 여전히 '육아의 끝은 결혼'이라고 생각하는 부모가 많다. 그런데 평균 초혼 연령은 32세를 넘었으니 그만큼 육아가 언제 끝날지 모르겠다고 한탄하는 부모도 많아졌다. 친구 자녀의 결혼식에 뿌린 축의금이 얼마인데, 하는 아쉬움은 잊은 지 오래다. 취업 준비를 할 때 연애한다는 말을 듣고 '지금이 그럴 때냐' 하고 잔소리했던 일이나 몇 년 전 만나는 사람이 아직 직업이 없다는 말을 듣고 그 나이까지 노는 사람을 왜 만나냐고 한바탕 싸웠던 것이 후회가 된다. 얼마나 배부른 소리였는지. 이제는 누구든 데려오기만 하면 두 손 들고 환영하면서 식장부터 잡자고 하고 싶다.

　부모의 바람과 달리, 지금 20~30대에게 결혼은 어렵고 부담스러운 선택이다. 요즘 결혼의 조건 중 첫째로 꼽는 것은 사랑보다는 경제적 안정이다. 사랑해서 결혼하는 사람이 여전히 많지만, 결혼하지 않고도 사랑은 할 수 있으니까. 그런데 안정적인 일자리와 주거가 점점 요원한 사회가 되면서, 사랑은 해도 결혼은 엄두를 내지 못하는 커플이 많아지고 있다. 언제부터인가 한국 사회에서 결혼은 사치재가 되어버린 것 같다.

　결혼 이후의 인생 트랙에 대한 부담도 있다. 한국의 합계출산율은 1990년 1.57에서 2022년 0.78까지 줄어들었는데, 그만큼 아이를 낳아 키우는 것에 대한 부담이 큰 사회다. 충분한 출산휴가와 육아휴직 제도가 정착되지 않은 한국에서는 아이를 낳으면 부부 중 한 명, 높은 확률로 여성이 경력단절을 경험한다. 아이와 함께 살아야 하는 집값과 양육비도 부담이고, 여성은 독박육아까지 걱정해야 한다. 아이를 어떻게 키워야 할지 구체적으로 고민할수록 아이를 낳기가 더 망설여진다.

　"잘 키우고 싶은 열망이 너무 커서 오히려 아이를 낳지 못하는 역설적 상황"이라는 인구학자 조영태 교수의 분석처럼, '잘 키워야 한다'는 열망은 압박이 되어 출산을 꺼리게 만든다. 경쟁이 가득한 한국 사회의 아이러니다. 결혼을 안 하고 안 낳던지, 결혼하고 아이를 낳아 육아에 전념하여 뒤처지지 않으려고 애쓰던지. 결혼, 혹은 출산 전후의 삶과 가치관이 크게 달라질 수밖에 없다.

물론 아이를 낳지 않고 살아가는 딩크족DINK, Double Income, No Kids 부부도 있지만, 결혼하고 나면 아무래도 '아이를 낳아야 한다'는 주변의 압박으로부터 자유로울 수 없다. 양가 부모도 결혼할 때는 '손자는 필요 없다'라고 말했다가도 언제 마음이 바뀔지 모른다. 혹은 딩크족으로 살 거라면 결혼하지 않겠다고 하는 사람도 많다. 군이 결혼해서 상대방 가족까지 신경 써야 하는 부담을 느끼고 싶지 않기 때문이다.

지금의 자녀 세대는 결혼을 두고 끊임없이 저울질한다. 연애를 하든 하지 않든 혼자 살면서 자기주도적으로 삶을 이끌고 자유로움을 만끽할 것이냐, 사랑하는 사람과 결혼해서 함께 살아가는 안정감, 자녀를 키우는 행복과 보람을 선택할 것이냐. 문제는 결혼은 한 번 선택하면 쉽게 돌이킬 수 없어서 리스크가 크다는 것이다.

혼자 사는 것이, 결혼하지 않는 삶이 평범한 시대

결혼하지 않은 자녀에게 "그렇게 살다가 나이 들어서 외로워져", "혼자 지내니 그렇게 궁상맞고 초라해지지" 같은 잔소리를 하는데, 그 말은 모두 과거 세대의 경험에서 온 말이다. 2021년 서울시가 1인 가구를 대상으로 실시한 조사에 따르면, 1인 가구의 86.2%가 자신의 생활에 만족하고 있었다. 또한 응답자의 36.8%는 '지금처럼 혼자 살고 싶다'고 답했고, 23.6%는 '평생 1인 가구로 살아갈 것'이라고 답했다.[7] 이는 모두 2017년에 실시한 조사보다 높아진 수치다. 자발적으로 혼자 사는 삶을 선택해서 행복하게 사는 사람이 많아지고 있는 것이다. 혼자 지내는 것은 지금 한국 사회에서는 가장 평범한 선택이기도 하다. 2022년 전체 가구 중 1인 가구 비율은 34.5%로, 가장 일반적인 가구 형태가 되었다. 부모 세대가 결혼했던 1980~1990년대에는 1인 가구가 10% 미만으로 가장 적었고 4인 이상 가구가 50% 이상으로 가장 많았으니, 그때와는 정반대의 시대가 온 것이다. 게다가 만 19~49세 성인 중 결혼하지 않은 사람의 64%가 부모와 함께 살아가고 있으니, 결혼하지 않은 사람은 1인 가구 수보다 많을 것이다.

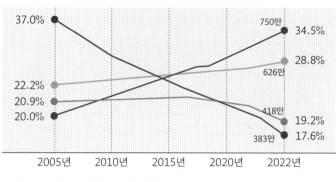

가구원 수별 가구 구성비(2005~2022년)

37.0%

750만   34.5%

28.8%
626만

22.2%
20.9%
20.0%

418만
19.2%
383만   17.6%

2005년   2010년   2015년   2020년   2022년

● 1인   ● 2인   ● 3인   ● 4인 이상

출처: 통계청

만일 결혼하지 않고 살면서 아무도 만나지 않고 집과 직장만 오간다면 문제겠지만, 사회생활에도 적극적이고 친구들과 잘 어울리고 동호회 활동이나 여가생활에 열심이라면 결혼하지 않고도 행복하게 살아갈 수 있을 것이다. 비혼의 삶을 선택한 사람들은 서로 위급할 때 도와줄 수 있는 관계를 맺고 있는 경우도 많아서, 배우자가 없다고 크게 문제될 일도 없다.

혼자 사는 자녀가 언젠가 방황을 끝내고 결혼할 것이라는 기대도 줄였으면 한다. 자녀가 결혼하지 않기로 선택했다면, 방황하고 있는 것이 아니라 결혼과 혼자 사는 삶의 장단점을 신중하게 고민해서 결정했을 가능성이 높다. 그렇게 혼자인 삶을 선택해 행복하게 지내고 있다면 결혼에 대한 바람을 내비치는 것은 자녀를 불편하게 만드는 일일 뿐이다. "네가 결혼을 하지 않아서 내가 속병이 난다"라고 말한다면 자녀는 부모가 한 번이라도 덜 보고 싶어지지 않을까?

대신 혼자 살아가겠다는 자식과 새로운 관계를 맺어보자. "네가 혼자 행복하게 살아가고 있으니 나도 안심이 된다. 네 결정을 응원한다"라고 말하며, 혹시 있을지 모를 빈 공간을 채워주거나 함께하는 것이다. 게다가 혼자 사는 자녀는 아무래도 시간이나 경제적 여유가 있으니 같이 여행을 가거나 취미를 즐길 수도 있고, 몸이 아프거나 힘든 시기에는 의지할 수도 있다. 그렇게 생각하면 자녀가 결혼하지 않아서 든든하고 좋다고 생각하는 순간이 오지 않을까.

자녀가 결혼하기로 마음먹었다면

첫째 아이가 20대 중반이 된 우리 부부는 가끔 "첫째는 어떤 사람과 결혼할까?"라는 주제로 대화를 나눈다. 지금 첫째가 결혼을 생각하고 있는 건 아니어서 자유롭게 상상의 나래를 펼친다. 성격, 외모, 직업, 집안 등 바라는 점이나 우려하는 부분을 편하게 말하는데, 주변에서 보고 들은 것에 영향을 많이 받고 있다는 걸 깨닫고 놀라곤 한다. 딸은 일본에서 공부하는 중이라 현지인과 결혼해서 자리 잡는 상상도 해보는데, 이 모든 건 현실이 될 리 없는 부질없는 상상이라는 것을 우리는 안다. 그럼에도 부모의 기대와 상상이 원대해질수록 실제로 자녀가 결혼 상대를 데려왔을 때의 긴장감이 커진다.

자녀가 진지하게 만나는 사람을 소개하려 할 때, 혹은 그런 사람이 있다고 말할 때 자녀와 결혼하는 것의 의미와 배우자를 선택할 때 고려해야 할 점에 관해 이야기해보자. 자녀가 결혼할 의향이 있다면 누굴 만나고 있지 않더라도 미리 말을 꺼내도 좋다. 자녀의 결혼관을 들어보고, 부모가 경험한 결혼생활도 알려주자. 결혼이란 사랑하는 사람과 인생을 함께하는 것이면서 법적으로 배타적인 관계를 맺는 일로, 인생의 중대한 결정이다. 자녀와 이런 이야기를 해두면 자녀가 배우자를 선택하는 데 도움이 되고, 자녀의 배우자 선택으로 인해 부모와 자녀가 갈등하는 것을 예방할 수 있다. 부모의 개인적인 경험도 도움이 되겠지만, 결혼이 성인기의 발달 과정을 지나고 자아의 확장을 경험하면서 자연스럽게 선택하게 되는 것임을 이해하면 결혼을 고민하고 선택하는 자녀에게 필요한 말을 건넬 수 있을 것이다.

결혼은 행복을 오래 누리고자 하는 선택이다

발달심리학자이자 소아정신분석학자인 에릭 에릭슨은 인간의 심리·사회적 발달 단계 이론을 제시했다. 그중 초기 성인기, 즉 청년기 발달의 주요한 과제로 친밀감intimacy 대 고립

> ### 친밀감intimacy과 고립감isolation
>
> **친밀감** 정서적으로 매우 가깝다고 여기는 감정. 타인과 아주 가까워지면 자칫 내가 흡수될지도 모른다는 불안이나, 타인을 온전히 내 것으로 통합하고 싶다는 욕망이 강해진다. 이 불안과 욕망 사이에서 서로의 독립적 존재를 온전히 인정하며 매우 가까운 상태를 지속하게 만드는 감정이다. 우정과 사랑이 대표적인 예다.
>
> **고립감** 타인과 관계를 맺지 못하고 신체적·정서적·사회적으로 거리감을 경험하면서, 이로 인해 단절과 외로움을 느끼는 것. 자신이 혼자라는 느낌이 사라지지 않으며, 힘들 때 아무도 나를 도와주지 않고, 타인이 나를 좋아하지 않을 것이라 여긴다.

감isolation을 들었다. 가족 바깥의 사회에서 만난 타인과 가까운 관계를 맺고 이를 스스로 유지하는 능력을 갖춰나가는 것이 청소년기를 벗어난 청년에게 중요하다는 것이다. 반면 타인과 관계 맺기에 실패하면 사회에서 고립되었다고 느끼고 사회활동에 어려움을 느낀다. 이는 친구, 직장 동료와 상사는 물론 연인이나 인생을 함께 헤쳐나갈 배우자와의 관계도 마찬가지다. '남에서 점 하나를 떼면 님'이라는 말처럼 수십 년을 따로 살아온 두 사람이 서로를 사랑해서 오래도록 소중히 여기겠다고 서약을 맺는 결혼은 청년기로부터 이어지는 중요한, 그만큼 어려운 발달 과제의 연장선에 있다.

그런데 초기 성인기에는 이토록 복잡한 일인 결혼에 끌리는 경우가 많다. 왜 이 시기에 이런 마음이 생기는 것일까? 심리학자 부부 일레인 아론Elaine Aron과 아서 아론Arthur Aron은 이를 자아확장self-expansion이라는 개념으로 설명한다. 사람은 자신을 확장하려는 본능적 욕구가 있다. 새로운 것에 호기심을 느끼고 탐구하면서 자신이 확장되는 느낌을 받고 싶어 한다. 그래서 가정이라는 울타리 바깥의 세상을, 자신이 속한 사회의 바깥을 궁금해하고 탐색하려 한다. 그렇게 학교에 가고, 여행을 떠나고, 새로운 직업과 취미를 갖고, 낯선 사람을 만난다. 나와는 다르면서 마음이 맞는 사랑하는 상대를 만나는 것도 자아확장 욕구를 실현하는 행동 중 하나다.

연애라는 일시적이고 낭만적인 관계를 반복하다 보면 사랑하는 상대와 자신의 경계가 느슨해지는 순간이 오는데, 우리는 이를 자아의 확장으로 느끼고 쾌감을 얻는다. 지금까지 느껴온 자신보다 훨씬 큰 무언가가 되는 경험은 초월적이다. 그 상태를 더 오래, 가능하면 영구히 유지하고 싶어지는 것은 당연한 순서다. 그렇게 사랑하는 사람과 함께하면서 내 부족한 부분은 채워지고 장점은 꽃피울 수 있는, 1+1이 2가 아니라 3이나 4가 될 것이라고 기대하는 때가 오는 것이다. 이때 우리는 결혼을 꿈꾼다.

결혼을 선택할 때 고민해야 할 것들

연애에서 결혼으로 넘어가는 것은 시선과 관점이 변화하는 일이기도 하다. 처음 사랑을 할 때에는 서로의 얼굴만 바라보고 다른 곳을 보지 않는다. 지금 이 사람과 함께 있는 것이 마냥 기쁘고, 그것만으로 관계를 유지하는 노력에 대한 충분한 보상을 얻는다. 이 시기를 지나 그 사람만 계속 쳐다보고 있지 않아도 내게 실망하거나 나를 떠나지 않을 것이라는 확신이 드는 안정기가 오면 시선의 방향이 바뀐다. 이제 둘이 함께 나아갈 미래를 그려보는 것이다. 내가 바라는 미래로 함께 걸어가길 원하는 사람인지, 서로 의지하며 그 여정을 함께할 만한 사람인지 고민하기 시작한다. 이런 시점의 변화가 왔다면 결혼을 고려할 시기다. 서로 그리는 미래가 너무나 다르거나, 의지하며 나아갈 만한 사람이 아니라면 연애는 몰라도 결혼할 상대는 아니라고 생각하게 된다.

그다음에 이 사람과 함께한다면 무엇을 포기해야 할지 구체적으로 고민한다. 함께해서 얻는 것이 많은 사람이라 해도, 그보다 큰 것을 잃는다면 결혼이라는 선택은 독이 될 수 있다. 언제든 헤어질 수 있는 연애와 달리, 결혼은 배타적 계약관계를 맺어 법적으로 서로를 묶어놓는 행위다. 이는 좋기도 하고 부담스럽기도 하다. 사회·문화적으로 짊어져야 할 의무가 많아지고, 배우자의 가족과도 긴밀한 관계를 맺게 된다. 결혼을 하면 개인의 사회적 성취는 조금 더뎌질 수 있고, 매 순간의 선택에 나와 함께하는 사람이 있음을 고려해야 한다.

이처럼 사랑은 긴장으로 가득한 이기적 관계다. 남을 배려하지 않는다는 의미가 아니라, 나를 위한 선택이라는 뜻이다. 결혼에 대한 고민도 내 미래를, 나를 위한 고민이 되어야 한다. 인생의 방향을 조정해가며 의지하는 관계, 서로에게 원하는 것을 터놓고 서로 그것을 이루어주며 희열을 경험하는 선순환이 반복되는 관계가 행복한 결혼 관계다. 무엇을 잃거나 포기하는 것이 아니라, 내게 도움이 되는 안정적이고 행복한 선순환을 만들 수 있는 관계인지를 치열하게 고민한 결과가 결혼에 대한 결심이다. 이런 점을 고려할 때, 자녀가 결혼하기로 마음먹었다면 요즘 세대에게는 꽤 부담스러울 수 있는 계약을 하기로 결정했다는 점에서 정신적으로 성장했다고 할 만하다.

부모는 최악을 알아보고 피해야 한다

결혼이 한 사람의 인생에 있어 중대한 결정인 만큼 배우자를 선택할 때 느끼는 걱정과 두려움도 크다. '이 사람보다 더 좋은 사람, 나와 잘 맞는 사람이 있지 않을까?'라는 망설임도 들기 마련이다. 그래서 사람들은 운명을 믿고 싶어 한다. 철학자 스티븐 헤일스Steven D. Hales는 저서 《운이란 무엇인가》(소소의 책, 2023)에서 이와 관련된 흥미로운 연구를 소개한다. 20~29세 독신 남녀를 대상으로 실시한 결혼에 관한 조사에서 응답자의 88%가 "특별한 한 사람, 영혼의 동반자가 어디선가 나를 기다리고 있을 것이다"라고 답했고, 자신이 결혼할 준비가 되면 자신과 맞는 매우 특별한 사람을 만날 것이라고 믿었다. 이를 현실에 적용해보면, 외모와 성격이 마음에 들면서 유머 감각, 정치 성향, 종교관, 취향, 윤리관 등이 비슷하고 사는 지역도 가깝고 양가 가족까지 성격이 맞는, 그런 사람이 나타나길 바라는 것이다. 그런데 수십 년 동안 다른 삶을 살아온 두 사람이 어떻게 퍼즐 조각처럼 딱 맞아떨어질 수 있겠는가.

완벽한 결합을 원할수록 머릿속만 복잡해진다. 이것이 최선일까, 나중에 크게 후회하는 건 아닐까. 그러나 다음 인연이 찾아올지 아닐지도 알 수 없다. 그렇게 고민에 빠져 선택을 미루다가 시간에 쫓겨 선택을 내리는 일이 많은데, 그래서인지 시간이 지나면 실망하게 될 때도 많다.

자녀가 최선이 무엇일까 고민하고 있다면, 결혼의 대선배로서 조언을 건네보면 어떨까. 진료실에서 결혼생활을 만족스럽게 회고하는 노부부를 만나면 그 비결을 물어보곤 한다. 여러 이유를 말씀해주시지만, 가장 많이 들은 말씀은 이렇다. "서로 양보할 수 없거나 참지 못할 만큼 싫은 것, 나쁜 점이 없었어요."

선택이란 간단하게 나누면 최선, 차선, 차악, 최악이 전부다. 우리는 선택할 때 최선이라고 여겨지는 것을 신중하게 고르지만, 고려하지 못했던 변수로 인해 나중에 돌아보면 차악, 최악의 선택이 되기도 한다. 시기나 상황에 따라 어떤 선택이었는지는 달라지기 일쑤다. 게다가 결혼처럼 긴 시간 고민해서 내린 선택은 들어간 비용만큼 기대도 크고 실망도 크다. 그러니 최선을 추구하는 것은 현실적이지 않은 데다 너무 소모적이다. 그렇다면 '최악을 피하는 것'을 중점에 두면 어떨까.

결혼하고 싶은 마음이 있다면 이미 상대에 대한 큰 호감이 있는 것이다. 그 호감을 송두리째 없애버릴 만큼 치명적인 결함이 없다면, 지금 차선과 차악으로 보이는 것을 선택해나가더라도 사람은 과거의 선택을 긍정적으로 돌아보는 경향이 있어서 '그게 최선이었어'라고 여길 가능성이 높다. 그러니 최악을 피하는 것이 우선이다. 예를 들어 '연애 기간 중에 폭력을 휘두른 적이 있다'와 같은 결함은 최악에 속한다. 자기 감정을 다스리지 못하고 사랑하는 사람에게 폭력을 행사하는 사람은 내 경험상 달라지기 어렵다. 이처럼 자녀와 함께 최악이 무엇인지 생각해보고, 큰 호감이 있더라도 그에 해당하는 사람은 피해야 한다. 반대로 최악이 없다면 지금의 마음을 믿고 선택하는 것이 안정적이면서 소모적이지 않은 방법이다.

부모 입장에서 마지막으로 하나 더 살펴봐야 할 것은, 자녀가 부모에게서 독립하기 위해 결혼을 선택한 것은 아닌지 돌아보는 것이다. 결혼을 '탈출'의 수단으로 선택하면 자녀에게나 부모에게나 불행한 결과를 초래할 가능성이 높다.

이렇게 자녀의 결혼이란 안 한다고 해도 고민, 한다고 해도 고민이다. 내가 결혼할 때도 이만큼 고민하지 않았던 것 같은데, 결혼이 무엇인지 알아갈수록 더 복잡하고 어렵다. 결혼에 얽힌 심리적 기제는 이토록 다양하다는 것을 마음에 새기면서 자녀와 결혼, 그리고 배우자에 대해 펼쳐 놓고 이야기를 나눠보자. 다만 부모가 생각하는 이상적인 배우자상을 내비치지는 않았으면 한다. 자녀가 행복하길 바라기 때문이겠지만, 자녀는 안 그래도 힘겨운 배우자 선택의 과정에서 부모의 기대와 바람에 짓눌릴 수 있다. 자녀가 속에 있는 걱정까지 편히 털어놓을 수 있도록 차근차근 이야기를 나눈다면, 이미 어른인 자녀는 자신을 위한 선택을 내릴 수 있을 것이다. 부모의 역할은 선택으로 이어지는 고민의 과정을 잘 이끌어주는 것으로 충분하다.

결혼식은 내가 하는 것이 아니다

고민 끝에 자녀가 결혼을 결심했고, 상견례까지 무사히 마쳤다. 이제 결혼이 현실로 다가온다. 부모는 결혼도 해봤고 남들의 결혼도 많이 봐왔지만, 자녀가 결혼하는 것은 처음이다. 많이 아는 것도 병이 될 수 있다는 말이 딱 어울리는 순간이다. 결혼에 관한 수많은 이야기가 주마등처럼 스치며 머리가 한없이 복잡해진다.

평생 노후 준비만큼 크게 떼어두는 저축이 바로 자녀의 결혼자금이다. 자녀의 저축도 있지만, 오랫동안 저축해온 부모가 더 많은 자금을 모아두었을 가능성이 높다. 게다가 결혼에 워낙 많은 비용이 드는 사회여서 부모의 도움 없이는 결혼하기 쉽지 않은 것이 현실이다.

이제 자녀와 부모 사이의 힘겨루기가 시작된다. 자녀는

자녀대로 부모는 부모대로 결혼에 대한 각자의 가치관이 있다. 일찌감치 합의해둔 바가 있다고 해도, 결혼을 앞둔 상황에서 마음이 바뀔 수 있다. 모든 결정에는 자녀의 배우자, 그리고 사돈 집안의 의견도 중요하다. 한자리에 모여 이야기하는 것이 아니라 건너건너 이야기가 전해지다 보니 오해가 생기기도 하고, 결혼 자체가 틀어지는 경우도 허다하다. 자녀가 부모에게 돌이킬 수 없는 원망을 품게 되는 비극이 생기기도 한다. 최소한 최악의 상황만은 피하려면, 결혼식을 준비할 때 다음 세 가지를 마음속에 담아두었으면 한다.

부모의 사정을 솔직하게 드러내고 자녀의 결정을 따르자

결혼은 자녀가 하는 것이고 결혼식의 주인공은 자녀와 배우자다. 하지만 결혼은 부모에게도 중대한 일이고, 결혼식도 마찬가지여서 본격적으로 결혼 준비를 시작하면 예비 부부는 불평불만으로 가득하다. 자기들 결혼인데 자기들 마음대로 할 수 있는 게 하나도 없다고. 이는 한국의 결혼 문화가 가진 현실적 특수성 때문이다.

경조사 문화가 발달한 한국에서 결혼식은 두 사람, 두 가족이 결합되었음을 알리는 행사지만 지금까지 지출한 경조사비를 회수하는 자리이기도 하다. 한국조세재정연구원에서 2007~2016년 경조사비를 분석하여 발표한 자료에 따르면, 경조사비 지출·수입이 모두 있는 가구의 경우 10년 동안 평균 955만 원을 쓰고 1,523만 원을 거둬들였다고 한다.[8] 물가 상승률을 감안할 때, 경조사비는 낸 만큼 돌려받는 일종의 사회보험처럼 작동해온 것이다. 경조사비 회수를 생각할 수밖에 없는 부모는 결혼식에 많은 사람을 부르고 싶어 한다. 그에 반해 예비 부부는 자기들도 모르는 사람이 결혼식장에 들어차는 것을 꺼릴 수도 있다. 경조사비를 거둬들이는 것이 중요하다는 부모와 허례허식이나 다름없다는 자녀가 가진 생각의 차이가 갈등의 원인이 된다.

게다가 부모는 오랜 기간 저축하며 자녀의 결혼을 준비해왔다. 2021년 보험개발원에서 발표한 자료에 따르면 자녀 결혼 자금으로 평균 1억 194만 원을 사용한다고 한다.[9] 2016년 삼성생명 은퇴연구소에서 발표한 자료를 보면 부모의 93%가 예적금을 해약해서 결혼 자금을 마련했고, 12%는 빚을 내기도 했다.[10] 그런데 결혼 자금이 노후자금의 약 55%에 해당하는 큰돈이어서, 이로 인해 노후 준비에 무리가 간다는 답변이 75%나 되었다. 한편 결혼정보회사 '듀오'가 2023년에 신혼부부 1,000명을 대상으로 실시한 조사에 따르면 평균 결혼비용은 3억 3,050만 원이었다. 그럼 평균 결혼비용에서 평균 결혼자금을 뺀 나머지 2억여 원은 뭘까? 결혼하는 두 사람의 저축과 부채다. 한국의 결혼은 부모의 지원, 자녀의 저축, 그리고 어마어마한 빚으로 이루어지고 있는 것이다.

그러니 부모가 아니라 자녀가 결혼하는 것인데도, 부모가 적극적으로 나설 수밖에 없다. 살아가면서 가장 많은 돈을 한 시기에 써버리는 것이니. 이때 갈등을 최소화하기 위해 부모가 먼저 부모의 사정을 솔직하게 드러내고 현실적인 조건에 관해 이야기하면 좋겠다. 내 노후를 생각하면 지원할 수 있는 금액은 어느 정도이며, 결혼식과 결혼생활을 준비하는 데 각각 얼마를 쓰는 편이 좋겠다고. 여기에 만약의 상황에 대비해 조금 부담되더라도 부모가 감당할 수 있는 또 하나의 한계선도 정해두는 것도 좋다. 그렇게 함께 예산안을 만들고 플랜 B까지 세워뒀다면, 그 안에서는 최대한 자녀가 원하는 대로 따라가주자. 그러면 예비 부부가 '우리가 원하는 대로 결정할 수 있다'는 느낌을 받을 것이다.

이것은 일종의 협상이다. 모든 것을 자기 뜻대로 하거나 하나라도 양보하지 않으려는 마음은 거두는 것이 서로에게 필요하다. 다만 부모로서 내가 결혼하는 것이 아니라는 사실과 결혼 자금을 지원하다가 노후 파산을 맞이해서는 안 된다는 것만은 마음에 새겨두자.

어른스럽게 양보하는 것이 최선이다

결혼식은 살아온 배경과 가치관이 너무나 다른 두 집안이 함께 치르는 이벤트다. 의견이 일치하기 어려운 것은 당연한 일이다. 서로를 알아가는 과정이라고 여기며, 갈등이 있을 때는 어른스럽게 양보하겠다는 마음을 가져보자.

먼저 자녀와 새식구가 될 배우자는 각자 결혼에 대한 욕심과 바람이 있다. 부모가 보기엔 유치하거나 쓸데없어 보이는 것을 둘은 원할 수 있다. 함께 의논한 예산안이 허락하는 한에서는, 또 양가의 일가친척들이 크게 불편해하지 않을 일이라면 부모가 양보해주었으면 한다.

한편 사돈 집에서 도저히 이해할 수 없는데도 끝까지 고집하고 요구하는 것이 있다면, 수용하고 넘어가는 편이 낫다고 속 편히 생각해보자. 자존심 싸움이 벌어지면 모든 결혼 과정이 엉켜버린다. 결혼식에서 겪는 이런 갈등도 결국 자녀가 선택한 배우자를 가족으로 받아들이는 과정의 첫 단계다. 서로가 '틀린' 것이 아니라 '다른' 것임을 되새기다 보면 결혼식이라는 험난한 과정을 마칠 수 있다. 양보한다고 지는 것도, 무시당하는 것도 아니다. 넓은 마음으로 상대를 존중하고 수용하는 일이다. 가급적 내 아이가 결혼한다는 기쁜 마음에 집중했으면한다.

'평생 한 번뿐'이라는 말은 자녀의 것이다

자녀가 "평생 한 번뿐인 결혼식인데…"라는 자녀의 마음은 이해해주고, 부모가 "평생 한 번뿐인 결혼식인데…"라는 마음이 들 땐 되도록 물러서자. 자녀에겐 인생에서 가장 중요하고 행복한 순간이니 그 순간을 최대한 완벽하게 만들고 싶을 것이다. 또 자녀가 부모의 부담을 이해하고 배려하면서 최선의 선택을 내리려 노력한다고 믿자. 그렇게 마음먹으면 자녀의 선택과 결정이 달리 보일 것이다.

한편 부모가 "평생 한 번뿐인 결혼식인데…"라는 마음이 들어 자녀에게 부담을 주진 않았으면 한다. 부모도 자녀의 결혼식에 대한 로망이 있다. 게다가 자신이 결혼하는 것만큼이나 자녀가 결혼하는 모습을 지켜보는 순간은 부모에게 행복한 시간일 수 있다. 그러니 "평생 한 번뿐인 (내 자식) 결혼식인데…"라는 아쉬운 마음이 들 수 있다. 이때 결혼식은 내가 하는 것이 아님을 다시 상기해야 한다.

결혼식이라는 대사를 치르면서 많은 부모가 말한다. 이미 자랄 만큼 자란 줄 알았는데, 결혼식 한 번 치르고 나니 한 뼘은 더 성장한 것 같다고. 여러 우여곡절을 지나며 사람이 깊어지고 넓어지는 것 같다고. 결혼은 두 가족의 축하할 만한 결합이고 원가족도 몰랐던 서로의 모습을 알게 되며 더욱 돈독해지는 과정이다. 그러면서 타인에게 공감하려 노력하고, 새로운 사람을 받아들일 수 있도록 나를 넓히는 경험이기도 하다. 성장한 자신이 낯설게 느껴지기까지 하는데, 그것은 뿌듯하고 기분 좋은 낯섦일 것이다.

신혼의 적응 과정: 메신저 단체방 스트레스

결혼한 지 얼마 되지 않은 청년이 결혼생활에 큰 고민이 있다며 나를 찾아왔다. 1년 정도 연애하고 30대 초반에 결혼했는데, 기대만큼 결혼생활은 행복하고 만족스러웠다. 결혼 전에는 몰랐던 성격 차이 때문에 종종 싸우기도 했지만, 서로 양보하고 맞춰나가면서 관계가 더 안정되었다. 이야기를 듣던 나는 결혼생활에 별다른 문제가 없어 보이는데, 무엇이 그렇게 고민인지 물었다. 청년은 시선을 내리면서 한숨 쉬듯 말했다.

"장인 장모가 계신 메신저 단체방을 나가고 싶어요."

결혼 전부터 아내가 가족과 화목한 것이 좋았는데, 신혼여행 직후에 장인, 장모, 아내, 처남에 처남의 아내까지 포함된 메신저 단체방에 초대되었을 때는 조금 당황했다. 하지만 아내가 '자기도 우리 가족이잖아?'라고 당연한 듯 말해서 금방 기분이 좋아졌다. 아내와 한가족이 된 기분이 들었기 때문이다.

그런데 기쁨은 오래가지 못했고, 단란한 단체방 때문에 오히려 스트레스가 쌓였다. 아내의 가족들은 자신의 일상을 매일매일 단체방에 올려 공유하는 데다, 모임을 잡을 때도 단체방에서 대화를 나눴다. 메신저로는 필요한 말만 간결하게 나누고 만나서 이야기하는 청년의 가족과 너무 달랐다. 가족의 일을 다같이 이야기해서 결정하는 분위기는 좋았지만, 장인과 처남이 주고받는 일상적인 대화까지 보고 싶지는 않았다. 한 달 정도 지나니 하루 종일 처가댁 거실에 나와 있는 기분이 들었다. 메신저를 자주 하지 않는 성격이지만 처가 식구들과 어울려야 한다는 마음에 아내와의 일상은 물론 취미생활을 즐기는 사진도 종종 올렸지만, 점점 피로해졌다. 성격에도 안 맞았고 장인 장모와 일상을 공유하는 것이 솔직히 불편했다. 알림을 끄려고 해도 청년에게 말을 거는 경우도 있고 크고 작은 일들이 대부분 단체방에서 결정되어 수시로 확인할 수밖에 없었다. 어느 날 장인이 처남과 낚시를 가자는 약속을 잡더니 청년도 같이 가는 게 어떠냐고 물었을 때, 갑자기 아무 말 없이 단체방을 나가고 싶은 충동이 들었다. 그 사실을 아내에게 말하면 크게 싸우게 될까 봐 끙끙 앓다가 나를 찾아온 것이었다.

고작 단체방? 가족 간 갈등으로 이어질 수 있는 중대한 문제

결혼 후 가족의 문화가 달라서 갈등을 겪는 것은 전부터 흔한 일이었다. 일요일마다 교회를 간다거나 저녁은 되도록 함께 먹는다거나 명절에 해외여행을 가는 등 가족마다 문화가 다르다. 부모는 이러한 차이를 맞춰본 경험은 많지만, '메신저 단체방'은 2010년대 중반 이후에 보편화된 새로운 소통 방법이다. 그래서 결혼 후 메신저 단체방 때문에 발생하는 문제들은 부모에게도 낯설고 어려울 수 있다.

과거에는 처가댁이나 시댁과의 물리적 거리가 관계에 큰 영향을 미쳤다. 지금만큼 교통도 편리하지 않고 수시로 소통할 수 있는 것도 아니니, 주로 처가댁이나 시댁이 너무 가까울 때 앞의 청년처럼 스트레스를 받곤 했다. 그런데 이제는 물리적 거리의 한계를 뛰어넘어 실시간으로 소통할 수 있는 메신저와 SNS가 부모 세대에게도 일반적인 중요한 소통 방식으로 자리 잡았다.

메신저는 급격하게 일반화되었지만, 모두가 공유하는 메신저 문화는 아직 없다. 그러다 보니 가족마다 메신저 사용 방식이 무척 다르다. 어느 집은 하루에 한 번씩 확인하기도 하고,

어느 집은 몇 시간에 한 번은 확인해주지 않으면 서운함을 표하기도 한다. 중요한 이야기는 만나서 해야만 한다고 생각하는 가족도 있고, 모두가 보는 단체방에 올려야 한다고 생각하는 가족도 있다. 가족 구성원 중 권위적인 사람이 있다면 그를 제외한 단체방이 이중, 삼중으로 열려 있기도 하며, 아예 단체방이 없는 가족도 있다. 메신저 문화는 가족의 수만큼 있다고 해도 과언이 아니다.

'고작 단체방이 그렇게 문제냐'라고 할 수 있겠지만, 앞의 사례처럼 자녀나 자녀의 배우자에게는 말 못 할 스트레스가 될 수 있다. 게다가 단체방처럼 서로의 가족이 포함된 문제로 갈등이 생기면 어느새 둘의 싸움이 두 집안의 기 싸움, 자존심 싸움으로 커질 수도 있다. 위 사례의 청년이 솔직하게 자신이 느끼는 스트레스를 털어놓고 단체방을 나가면 안 되겠냐고 말하면, 아내는 자신의 가족 문화가 거부당하는 느낌을 받거나 자신을 비롯한 가족을 멀리하는 기분이 들어 크게 상처받을 수도 있다. 아내가 청년의 말에 납득해도 아내의 부모 역시 비슷한 감정을 느끼거나 '둘째네 아내는 안 그러는데 네 남편은 뭐가 문제냐' 같은 말로 이어져 갈등이 커질 수도 있다.

어른인 부모가 먼저 마음을 열자

단체방처럼 가족마다 문화에 차이가 있는 문제에 대해서는 자녀에게 '○○도 우리 가족 단체방에 초대해도 될까? ○○이랑 얘기해보고 말해줘'와 같이 언질을 줘서 부부가 미리 상의하도록 만들면 갈등을 예방할 수 있다. 이와 같은 작은 문화 차이는 결혼 전에 간과되기 쉽다. 그러나 작은 차이라도 매일같이 마주하다 보면 밍밍한 설렁탕에 소금을 넣다가 갑자기 너무 짜게 느껴지는 것 같은 전환의 순간이 찾아오고 자칫 큰 갈등의 불씨가 되고는 한다.

우리 가족에게는 너무나 당연해서 묻지 않고 행동했던 것들이 자녀의 배우자에게는 부담이 되기도 한다. 마찬가지로 내 자녀 역시 상대 집안에 적응하기 위해 부담을 안고 있을 것이다. 그러니 사소하더라도 문제가 발생할 수 있는 부분은 미리 부부가 상의하도록 말해주고, 혹시 불편하지는 않은지 확인해보며 배려하는 마음을 가졌으면 한다. 새 식구가 되는 일도 새 식구를 받아들이는 일도 양쪽 모두에게 작지 않은 스트레스다. 그래도 내 자녀가 사랑해서 결혼한 사람, 자녀와 함께 미래를 그려나갈 사람이니 부모도 그 사람과 맞춰가기 위해 노력해보자. 부모에게도 원칙과 선이 있듯이 자녀의 배우자에게도 어른으로서 뚜렷한 가치관이 있다. 이러한 차이를 인정하고, 갈등이 생겼을 때 어른인 부모가 먼저 마음을 열고 속이 썩더라도 어른인 부모가 더 썩어주는 게 낫지 않을까. 그것이 결국 내 자녀를 위해서도 가장 좋은 길이다.

손주 돌봄, 행복인가 노년의 족쇄인가

오랜만에 선배 부부를 만났다. 얼마 전까지만 해도 나이 드는 게 느껴져서 힘들다는 이야길 했었는데, 표정이 한결 밝아 보였다. 무슨 좋은 일이 있냐며 물어보자 아내분께서 환하게 웃으며 말씀하셨다.

"어휴, 손녀 바보가 따로 없다니까요. 아이를 이렇게 좋아하는지 40년을 같이 살면서도 몰랐네요.

나에겐 근엄한 교수의 표정만 보여주던 선배의 얼굴에 웃음꽃이 피었다. 자기도 손녀가 이렇게 예뻐 보일 줄 몰랐다면서, 민망한 듯 웃으면서도 손녀 자랑을 멈추지 않았다. 선배는 그날 휴대폰으로 손녀 사진까지 보여주며 종일 손녀 이야기만 했다. 손녀도 조부모와 함께 지내는 걸 좋아하고 가끔은 부모보다 두 분을 더 따르는 것 같다며 자랑스러워하기까지 했다.

딸이 아이를 낳고 다시 출근하면서, 선배 부부는 계획했던 대로 손녀를 돌봐주기 위해 딸의 집과 가까운 곳으로 이사했다고 한다. 아내분께 이미 두 자녀를 키우시느라 고생하셨을 텐데, 또 아이를 돌보려니 힘들지 않으시냐고 여쭤보았다.

"처음에는 조금 걱정되긴 했어요. 그런데 내 아이를 키울 때와는 다른 기쁨이 있더라고요. 다행히 아직 체력이 있나 봐요. 둘째를 낳으면 어떨지 모르겠지만, 지금은 오히려 젊어진 것 같고 하루하루가 새롭고 그래요. 손녀가 생기기 전까지만 해도 자주 투닥거렸는데, 요새는 애 보느라 다툴 시간도 없어요. 오히려 손녀 돌보는 재미에 푹 빠져서 손녀 이야기만 하죠."

종종 두 분의 다툼에 대한 하소연도 듣곤 했는데, 손녀라는 공통의 관심사가 생긴 덕에 부부 사이도 좋아지고 삶의 활력까지 생긴 것이다. 손자, 손녀를 돌보면서 얻을 수 있는 가장 긍정적인 효과다. 헤어질 때까지 손녀 이야기만 하셔서 조금 피곤하기도 했지만, 선배 부부가 예전처럼 반짝이는 눈으로 이야길 하는 모습을 보는 것은 기뻤다.

물론 손주를 돌보는 조부모가 모두 새로운 활력을 얻고 행복한 시간을 보내는 것은 아니다. 진료실에서 만나는 60~70대분들, 특히 여성분들은 손주를 돌보느라 힘들다는 하소연을 자주 하신다. 이제 여유를 즐기려고 했는데, 앞으로 얼마나 손주를 돌보며 고생해야 할지 막막하다는 것이다. 그만큼 힘든 일임에도 조부모가 손주 돌봄을 맡는 것에는 여러 이유가 있다.

온 마을의 부담을 한 부부가 지는 세상

아프리카 속담에는 '아이 한 명을 키우기 위해서는 온 마을이 필요하다'라는 말이 있다. 아이 양육에는 공동체와 사회가 모두 발 벗고 나서야 한다는, 양육의 중요성을 강조하는 말이다. 동시에 그만큼 양육이란 개인이 감당하기 어려운 일이라는 의미도 담겨 있다. 그러나 지금 우리나라는 어떤가? 온 마을은커녕 부모 중 한 사람이 양육에 전념하기도 힘든 사회다. 그래서 아이를 키우는 것이 힘들고 어려운 일이라는 것을 알지만, 하는 수 없이 부모에게 도움을 청하게 된다.

부모 입장에서는 30여 년을 애지중지 키워온 자녀가 손주를 돌보느라 자신의 꿈을 포기하는 것을 두고 볼 수 없다. 특히 딸을 둔 엄마는 딸만큼은 자기 하고 싶은 일을 하며 살길 바라면서 노력해왔는데, 여기서 하고 싶은 일을 그만두게 될까 봐 걱정스럽다. 그렇게 딸의, 자녀의 인생이 지금처럼 앞으로 뻗어 나가길 바라면서 손주를 돌봐준다. 부모의 희생이기도 하지만, 지금까지 30년 넘게 부어온 적금을 깨지 않기 위해 다시 적금을 붓는 것과 비슷한 일이다.

그런데 손주 돌봄은 10년 이상 인생의 시간을 써야 할 수도 있는 중대사이다. 이렇게 떠밀리듯 결정을 내려도 괜찮은 것일까? 자녀가 아무리 안쓰럽더라도 손주를 품에 안기 전에 손주 돌봄이 줄 수 있는 인생의 활력과 부담을 고민해봐야 한다.

손주 돌봄이 주는 인생의 새로운 활력

자녀가 떠난 빈자리를 채우기 위해 반려동물이나 식물을 돌보는 부부가 많다. 나와 다른 존재를 돌보는 것은 정신건강과 신체건강에 도움을 주는 일이다. 게다가 외부의 대상에 신경을 쏟으면 과거를 후회하거나 신체에 나타나는 나이 듦의 징후에 신경을 덜 쓰게 된다. 나이가 들면 어쩔 수 없이 관절도 아프고 어깨도 뻐근하고 눈도 침침하고, 위나 대장 같은 내장기

관도 예전만큼 튼튼하지 못하다. 건강검진을 받으면 이상이 발견되거나 적어도 신경 써야 할 부분을 알게 된다. 병원 순례를 시작하고 건강 정보를 챙겨보게 되는 시기인데, 이러한 일에 과도하게 몰입해 건강염려증 같은 불안에 빠지지 않으려면 관심을 밖으로 돌리는 것이 중요하다.

사람은 어느 쪽에 관심을 집중하느냐에 따라 민감도가 달라진다. 주로 집에서 시간을 보내고 사회적 활동이 줄어들면 자연스럽게 자신의 신체로 관심이 집중된다. 그러면 몸이 보내는 작은 신호에도 민감하게 반응하고 집착하게 된다. 가슴이 두근거리거나 배가 더부룩하면 혹시 큰 병의 증상은 아닐까 걱정되어 검사를 받아보지만 이상 소견은 없기 일쑤다. 이럴 때 필요한 것이 관심을 외부로 돌리는 것이다. 반려동물이나 식물을 돌보는 것은 모두 부정적인 신호에 대한 집착과 과도한 의미 부여를 예방하는 효과가 있다.

실제로 미국 체이스 메모리얼 요양원에서는 거주하는 노인들에게 식물과 동물을 돌보게 하고, 1층에는 어린이집을 만들어 노인들과 자연스럽게 교류하게 만들었다. 노인들은 개를 산책시키고 아이들과 함께 지내면서 삶의 만족도가 크게 높아졌다. 이후 처방약 복용량도 절반으로 줄었고 사망률도 15%

나 감소했다.

내가 만난 선배 부부처럼, 부부 사이에 손주라는 공통의 관심사가 생기면 관계가 좋아지고 삶에 활력을 얻기도 한다. 자녀가 부모의 품을 떠나면 부모는 빈방과 오래된 물건과 옛날 사진을 보며 과거를 회상하는 시간이 많아진다. 이때 사랑스러운 손주가 등장하면 과거에서 현재로 눈을 돌리게 된다. 하루하루 커가는 손주의 모습을 보며 보람과 행복을 느끼고, 부부는 그 모습에 대해 이야기하느라 시간 가는 줄 모른다. 이전에는 떠나간 자녀에 대한 그리움을 주로 나눴다면, 이제는 기쁘고 즐거운 감정을 공유한다. 나이가 들수록 일상이 점차 뻔하게 다가오는데, 손주가 자라는 모습은 늘 새롭다. 달마다 변화가 보일 정도다. 권태를 느끼거나 멍하게 흘려보내기 쉬운 일상에 지속적으로 긍정적인 자극이 주어지면, 인지기능과 신체건강을 유지하는 데 도움을 주고 정서가 안정되는 효과도 있다. 더욱이 손주 돌봄은 항상 부부가 협력해야 하는 일이기 때문에 같은 목표를 향해 노력하면서 부부의 관계가 자연스럽게 좋아진다.

손주에게도 조부모와 함께한 시간은 평생 잊지 못할 행복한 추억이 될 수 있다. 실제로 TV나 라디오에서 조부모와 함께

한 유년의 추억을 행복하고 소중하게 회고하는 사람을 볼 수 있고, 진료실에서도 그 추억으로 지금의 어려움을 버텨내는 분을 만나곤 한다. 조부모와 함께한 시간은 부모와 함께한 시간과 다른 종류의 추억으로 남는다.

게다가 조부모와 손주가 가끔 명절에나 보는 사이가 되면 서로 어색할 수 있지만, 어렸을 때 손주를 돌봐주었다면 손주가 어른이 되어서도 가깝게 지내는 경우도 흔하다. 손주에게는 부모보다도 윗세대의 친구가 생기는 셈이고, 조부모도 사회에서는 만날 수 없는 세대와 교류하는 경험이 된다.

손주 돌봄보다 나의 노후가 중요하다

이렇게만 보면 손주 돌봄이 마치 새로운 인생이 펼쳐지는 행복한 일처럼 보인다. 그러나 많은 것을 얻는 만큼 돌봄은 상당한 시간과 체력이 필요한 일이다. 조부모가 내 손주이고 내 자녀를 위한 일이라는 의무감과 책임감을 무겁게 느끼면 몸과 마음이 감당할 수 있는 선을 넘어버릴 수 있다. 게다가 손주는 빠르게 자라나지만 조부모는 서서히 나이 들어간다. 조부모의 체력과 정신력이 손주 돌봄을 감당할 수 없는 순간이 갑작스럽게 찾아올지도 모른다.

지금 손주를 맞이하는 세대는 이전 세대보다 나이가 많다. 일찍 결혼해 서른 이전에 아이를 낳는 경우가 많았던 시절에는 50대 후반에서 60대 초반에 손주를 봤다. 그런데 지금은 결혼, 출산이 늦어지다 보니 60대 후반에서 70대 초반에 손주가 태어난다. 아무리 건강한 사람이라도 10년의 세월이 주는 영향은 무시할 수 없다.

지금까지 쌓인 스트레스에 손주 돌봄의 피로가 더해져 번아웃, 우울증을 경험하거나 고혈압, 당뇨병, 관절염, 호흡기 질환 등 노화로 인한 질병이 급격히 악화되기도 한다. 일종의 '손주 양육 번아웃'이 온 것이다. 여기에 손주를 맡긴 자녀에 대한 서운함이 겹치면 더 힘들어진다. 자녀의 부탁으로 손주를 돌보는데 자녀가 이를 너무 당연하게 여기거나 손주를 돌보는 방식에 대해 서로 충분히 이야기하지 않아 갈등이 생길 수도 있다. 혹은 손주를 돌보는 일로 배우자와 부딪쳐 스트레스를 받기도 한다. 손주를 돌보면서 신체적·정신적으로 너무 힘들다고 느끼면, 상태가 심각해지기 전에 다른 방법을 찾아야 한다.

이때 2장에서 자녀에 대한 경제적 지원에 관해 이야기할 때 소개했던 말을 되새겨보자.

"산소마스크는 내가 먼저 써야 한다."

손주를 돌보는 것은 우리 가족의 행복을 위한 일이면서 자녀가 사회적 지위와 커리어를 이어가는 데 도움이 되는 귀중한 일이다. 그런데 그것이 부모의 의무가 되어 부모의 미래를 위협하고 있다면 손주를 돌볼 다른 방법을 찾아야 한다. 자녀에게 산소마스크를 씌워주기 위해 부모의 건강이 악화되면 자녀에게 육아보다도 큰 부담이 되고, 자녀가 힘들어지면 손주도 위험해진다. 위험신호가 왔을 때 조금만 더 버텨보자고 무리하기보다, 적절한 시점에 산소마스크를 쓰듯이 '계속 손주를 돌보는 것은 어려울 것 같다'고 말하는 것이 어른의 지혜일 것이다. 감당하기 어려워지는 손주 돌봄의 스트레스를 책임과 의무의 마음으로 이고 지고 가다가 다 타버리기 전에 "여기까지다"라고, 내 한계를 인정하고 선을 그어주는 것이다.

손주 돌봄은 인생의 행복한 변환점이 될 수 있지만, 부모가 희생하면서 노후의 족쇄를 차는 마음으로 손주를 돌보는 건 슬픈 일이다. 자녀와 손주를 위해 마음을 열어두되, 내가 견뎌낼 수 있는 선이 어디인지를 잘 살피면서 가족 모두가 안전하고 행복할 수 있는 방법을 고민했으면 한다.

손주에게 부모가 줄 수 없는 걸 주자

손주가 태어나 할아버지, 할머니로 불리면서 벅차오르는 기쁨을 느끼고 사랑스러운 손주의 얼굴을 보며 행복해하는 것도 잠시, 쑥쑥 자라날 손주를 생각하면 머릿속이 복잡해진다. 자녀를 키우며 보냈던 세월을 되돌아보며 준비해야 할 것이 산더미처럼 느껴진다. 스스로 아이를 잘 키웠다는 생각하는 부모는 자신의 성공적인 양육 경험을 자녀에게 대물림하고 싶어 하고, 이번엔 더 잘할 수 있다는 자신감을 갖기도 한다. 경제적 여유, 체력, 시간을 모두 갖춘 건강하고 활발한 조부모가 많아지면서 학부모 총회나 학원 상담까지 직접 나서는 경우도 있다. 총명한 손주의 모습을 보며 자식보다 더 예쁘다고 한없는 사랑을 퍼붓기도 한다. 자녀를 키웠을 때는 부모도 사회생활을 하느라 바쁘고 힘들었는데, 여유가 생기고 나니 아이가 커가는 과정을 보는 것이 행복한 일이라는 것을 처음 알게 되었다는 이야기도 조부모가 된 분들에게 자주 듣는 말이다.

조부모가 되어 손주를 돌보는 것은 부모로서 자녀를 돌보는 일과 다르다. 아이가 자라나는 데 있어 부모와 조부모의 역할과 책임이 다르기 때문이다. 조부모는 손주에게, 그리고 자녀에게 무엇을 해주어야 할까?

책임감과 부담감에 허덕이는 젊은 부모

한두 세대 전까지만 해도 우리 사회는 대가족이 일반적이었다. 자녀, 부모, 조부모, 여기에 이모나 삼촌 등 다양한 친족이 한 집에서, 혹은 지척에 살면서 가족 공동체를 이루었다. 이 시기에 아이를 기르는 것은 부모 두 사람의 몫이 아니라 대가족 전체의 임무였다. 조부모, 부모의 형제자매, 사촌이 아이 양육에 크고 작은 역할을 맡는 것이 당연했고, 부모의 양육 부담이 상당 부분 덜어지기도 했다. 게다가 다양한 연령대의 가족 구성원이 생활을 공유하다 보니 아이는 자연스럽게 공동체 안에서 서로 양보하고 갈등을 해결하면서 살아가는 방법을 익힐 수 있었다. 가족 내에서 공동체 생활과 윤리를 가르쳤고 세대에서 세대로 문화나 가치 체계가 전수되기도 했다.

그러나 최근 20년 사이 가족공동체의 형태는 급격히 변화했다. 대가족은 찾아보기 힘들어졌고 부모와 자녀로 이루어진 핵가족이 증가했으며, 조부모 세대와 거의 교류하지 않는 사람도 늘어났다. 그런데 대가족 공동체가 담당했던 여러 교육을 공교육 체계를 비롯한 사회에서 충분히 대체하지 못했다. 예를 들어 '양보'가 무엇인지는 정규 교육과정에 포함할 수 있지만, 구체적으로 서로 양보하며 살아가는 방법은 인간관계를 통해서만 이해할 수 있다. 학교에서 맺는 제한된 관계를 통해 얻는 경험에는 한계가 있기 때문에 공교육에서 관계를 통해 배워나가야 하는 것을 정교하게 가르치기는 어렵다. 이는 가족과 공동체에서 직접 부딪치며 익히는 것이기 때문이다. 지금 그러한 배움의 공백을 채울 책임은 부모에게 넘겨졌다.

조부모를 비롯한 대가족 공동체가 맡고 있던 양육의 책임을 부모가 떠안게 된 반면 양육에 쓸 수 있는 시간은 오히려 부족해졌다. 게다가 자녀를 먹여 살리려면 부모도 경쟁 사회에서 살아남기 위해 고군분투해야 한다. 그러다 보니 자신의 스트레스를 자녀에게 풀거나, 양육에 신경 쓸 힘이 남지 않아 자녀를 방임하는 부모도 늘어나고 있다. 혹은 자기애의 확장으로 자녀가 반드시 성공해야 한다고 생각하며 자녀의 발달에 방해가 되는 강한 욕망을 퍼붓는 부모도 많아졌다.

요즘의 젊은 부모는 대가족이라는 넓은 뜰에서 성장한 것이 아니라 부모-자녀라는 상대적으로 좁은 세상에서 아낌없이 사랑을 받고 자란 경우가 많다. 자기애 수준이 무척 높으며, 자녀에게도 사랑을 듬뿍 주고 자기애가 높은 아이가 되길 바란다. 그런데 건강한 자기애는 나를 보호하고 힘든 상황을 견뎌내게 해주지만, 지나치게 강한 자기애는 공감 능력을 저하시키고 자신이 절대적으로 옳다고 생각하게 만들어 손해 보는 일은 절대로 없어야 한다는 강력한 이기주의로 이어질 수 있다. 강한 자기애와 자녀에 대한 사랑, 집착이 만나면 '내 아이만 잘 클 수 있다면 다른 사람은 어떻게 되어도 좋다'는 이기적인 부모가 탄생한다. 최근 이런 유형의 부모가 학교나 학원, 식당이나 병원 등의 공공장소에서 문제를 일으키는 일이 잦아지고 있다.

이는 막중해진 책임에 허덕이는 젊은 부모에게 주변에서 손을 내미는 사람도 없어서 발생하는 병리적인 현상으로 볼 수 있다. 이런 부모와 자녀에게 손을 내미는 존재가 바로 조부모다.

부모가 볼 수 없는 것을 보고 줄 수 없는 것을 주는 조부모

가족 구성의 변화와 늘어난 부모의 부담으로 생겨난 공백을 메우는 것이 조부모의 역할이다. 너무 막중한 임무처럼 들리지만, 마음을 편하게 먹어도 괜찮다. 어린 자녀를 부모로 키운 조부모에게는 익숙한 일들이기 때문이다.

조부모-손주의 관계는 부모-자녀의 관계만큼 끈끈하게 얽혀 있지 않다. 부모처럼 자녀에게 과도한 책임감을 느끼거나 자신의 욕망을 투영하여 집착하지 않는다. 덕분에 부모에 비해 자유로운 관계를 맺으면서 마음 편하게 사랑을 줄 수 있다. 그 자유로움으로 손주에게 '좋은 기억'을 남겨주면 어떨까? 바쁜 부모 대신 여유로운 시간을 활용해 손주와 즐거운 시간을 보내는 것이다. 동네 놀이터에서 함께 놀거나 부모에게 혼이 나서 풀이 죽은 아이를 달래주고, 종종 맛있는 간식을 사주는 등 소소하고 즐거운 순간을 만들어주자. 가고 싶지만 혼자 갈 수 없는 곳에 데려가주거나 부모에게는 혼날까 봐 부리지 못하는 어리광을 적당히 받아주는 것도 좋다.

진료실에서 만나는 분들은 대부분 과거의 부정적인 기억을 꺼내어 곱씹는 경우가 많다. 지금 겪고 있는 불안과 우울의 원인을 과거에서 찾으려 하면서 부정적인 기억을 한가득 모아둔다. 그런데 그분들에게 정말 좋은 일이 하나도 없었던 걸까? 그렇지 않다. 진료실에서 이야기를 나누며 "생각해보니 어릴 때 행복한 일이 참 많았어요. 왜 잊고 지냈던 걸까요?" 하고 과거의 좋은 기억을 떠올려 불안과 우울을 이겨내는 분들도 많다. 좋은 기억은 조용히 나도 모르게 쌓여 있다가 인생의 파도를 막아주는 좋은 방패막이 된다. 이처럼 손주에게 남겨준 좋은 기억들은 오래도록 남아 미래의 손주를 지켜줄 수 있다. 손주를 위한 '마음 안전 보험'을 들어두는 것이다.

젊은 부모의 불안과 조바심을 달래주는 것도 조부모의 역할이다. 젊은 부모는 자녀가 남들보다 앞서나가고 학교생활에서도 손해 보지 않기를 바란다. 노력해서 높은 성취를 이룬 부모일수록, 자기애가 강한 부모일수록 자녀도 그렇게 자라길 바라며 조바심과 초조함을 느끼기 쉽다. 정도는 다르더라도 조부모에게 이는 익숙한 감정이고, 모든 것이 부모의 뜻대로 되지는 않는다는 사실도 잘 안다. 젊은 부모를 키우며 얻었던 지혜를 젊은 부모와 손자에게 돌려주자. 단 한 번도 손해 보지 않으려는 자세가 오히려 마음을 다치게 하고, 양보하거나 상대의 잘못을 포용해야 할 때도 있다는 것을 알려주자. 가끔 지는 것 같은 상황에 처하는 것은 어쩔 수 없으며, 자신의 능력이 부족함을 겸손히 인정해야 하는 순간이 있음을 가르쳐주자. 실패하거나 좌절하더라도 자신이 의미 없는 존재가 되는 것은 아니라고 응원해주자. 이처럼 조부모는 자기애 과잉을 예방하고 겸손한 태도를 기르는 데 큰 역할을 할 수 있다. 내 아이, 나 자신은 정말 소중한 존재이지만 다른 사람을 무시하고 짓밟으며 앞으로 나아가야 할 만큼 대단한 존재는 아니고, 그래서는 안 된다. 조부모는 젊은 부모가, 손주가 잘못된 방향으로 폭주하려 할 때 부드럽게 브레이크를 잡아주는 존재다. 그런데 조부모까지 자녀의 불안에 한몫 거들어 '내 손주밖에 모르는 조부모'가 된다면 어떻게 될까? 산 위에서 굴러 내려오는 무시무시한 눈덩이가 되어 가족과 사회를 덮칠 수도 있다.

부모와 손주 사이에 낀 조부모, 균형 잡기가 중요하다

조부모로서 조심해야 할 것들도 있다. 손주와 이야기하다 보면 자연스럽게 부모 이야기를 나누게 될 텐데, 그때 내 자녀에 대한 아쉬움, 미움, 분노를 손주에게 전달해서는 안 된다.

조부모는 손주에게 과거의 이야기를 들려주며 문화를 전수하고 세상의 이치를 알려주어야 한다. 세상 모든 민담과 전설이 할아버지, 할머니가 모닥불 앞에서 해주던 이야기에서 비롯된 것처럼 말이다. 이때 과거 이야기를 하다가 자기 인생의 넋두리를 늘어놓지는 말았으면 한다.

손주가 아무리 사랑스러워도 손주에게 휘둘리면 안 된다. 아이들은 조금만 자라도 어른들의 권력 관계를 파악한다. 조부모가 부모보다 높은 사람임을, 부모가 조부모의 말을 듣는다는 사실을 눈치챈 손주는 부모에게 혼나면 조부모에게 쪼르르 달려간다. 심지어 부모의 언행을 왜곡하고 자신이 받은 상처를 과장할 수도 있다. 이때 손주를 안타깝게 여기며 부모에게 잘못을 추궁한다면, 손주는 조부모를 이용해 부모를 꺾을 수 있다고 학습한다. 물론 손주가 조부모에게 들려주는 속마음을 부모에게 전해 서로의 오해를 풀어줄 수도 있다. 그러나 하소연하는 손주의 모습이 안쓰러워 보여서 계속 손주의 편을 들다 보면 손주와 부모 사이에 감정의 골이 생긴다. 그보다는 조부모로서 부모와 손주 사이의 균형을 잡아주면 어떨까? 한쪽으로 힘을 실으면 관계를 무너질지도 모른다.

보통 조부모의 역할은 직장에 다니는 자녀 대신 손주를 돌보는 것, 혹은 손주의 교육비 등 경제적으로 지원해주는 것이라고 생각하기 쉽다. 이는 눈에 바로 보이고 체감이 확실한 영역이다. 그러나 손주의 심리적 발달을 위해 사회가 해주지 못하는 것들, 젊은 부모가 아직 젊고 상대적으로 미숙해서 챙기지 못하는 것들을 채워주는 일도 중요하다. 손주가 좋은 기억을 잔뜩 안은 채 건강하고 올바른 어른으로 자라나기 위해 조부모가 해야 하는 역할은 분명하다. 부모가 줄 수 없는 것을 주는 것. 그것이 조부모의 사명이고 존재 이유다.

5장

간섭하는 부모보다는
'충분히 좋은 어른'이 되자

졸육아, 이제는 내 인생에서 행복을 찾자

자녀가 어른이 되어 내 품을 떠났다. 경제적으로도 심리적으로도 독립해서 나와 떨어져 산다. 지난 30년 동안 내게 가장 중요했던 일, 자녀를 잘 키우고 자리 잡게 하는 숙원사업을 마친 것이다. 내 품에 안겨 있던 조그마한 아이를 어엿한 어른으로 키워냈다는 생각에 후련하고 뿌듯한 마음도 들고, 주변에서는 지금까지 고생했다고 축하를 건네며 이제는 자기 삶을 즐기라고 말한다. 그러나 어깨를 짓누르는 책임감으로부터 해방되면서 새로운 위기가 시작되고는 한다.

미국에서는 일찌감치 중년기의 위기를 빈둥지증후군 empty nest syndrome이라고 이름 붙인 바 있다. 18살이 된 자녀가 머나먼 지역의 대학에 입학하여 떠나자 자녀의 빈 방을 보면서 상실감을 느끼는 부모를 새끼새를 떠나보내고 둥지에 남은 어미새에 비유한 것이다. 미국에서는 1970년대부터 대중적으로 사용된 표현이고, 이때 빈둥지증후군을 겪었던 미국인들은 40대 중반이었다. 폐경기, 갱년기가 오는 시기와도 겹쳐서 중년의 위기를 표현하는 말로 널리 쓰이게 되었다. 빈둥지증후군은 이제 우리나라에서도 일상적으로 쓰는 표현인데, 미국과 달리 자녀가 사회생활을 시작하거나 결혼해서 따로 살게 되었을 때 경험한다. 이때 부모의 나이는 50대 후반에서 60대 초반 정도다. 미국에 비해 자녀를 키우는 데 10년은 더 애를 쓰고 그만큼 나이 든 상태에서 이 시기를 맞이하는 것이다. 자녀가 떠나가면 온 힘을 다해 집중하던 '육아'라는 목표가 사라지고 새로운 목표를 찾지 못해 혼란을 겪으면서 공허감, 슬픔, 우울을 느낄 수 있다. 여전히 빈둥지증후군은 폐경기, 갱년기 등 호르몬의 변화와 함께 오면서 중노년의 위기를 초래하는데, 이에 현명하게 대처하기 위한 방법을 살펴보자.

빈둥지증후군이 더 무서워지는 집중 육아의 시대

지금 빈둥지증후군을 경험하는 부모 세대는 집중 육아의 압박을 받아온 사람들이다. 육아라고 할 만한 시기가 한참 지난 30살 자녀를 보면서도 불안해할 정도로 삶의 우선순위 1번은 대부분 자녀였다. 자녀를 바라보며 삶의 만족과 행복을 느꼈고, 내 삶도 이른바 '자식농사'를 기준으로 평가되는 일이 많았다. 그런데 중년이 아닌 노년에 가까워진 시기에 자녀가 내 둥지를 떠나면서 가장 오랫동안 해오던 일을 그만두게 된 것이다. 커다란 빈자리만큼 공허함이 밀려오고, 인생을 돌아보니 아이를 키우는 것 말고는 빈껍데기만 남은 것 같은 빈약함과 허약함이 느껴져 무섭고 허탈해진다. 이때 빈 공간을 채우는 가장 쉬운 방법은 손주를 키우는 것이다. 힘들지만 내가 지금까지 해오던 익숙한 일이고, 자녀에게 계속해서 영향을 미칠 수 있다. 이런 이유로 인생에 다시 족쇄를 찼다고 불평하면서도 기꺼이 손주를 맡으려 하고, 때로는 나서서 '내가 키워줄 테니 제발 한 명이라도 낳아라'라고 말하기도 한다.

한편 육아에 쏟아붓던 에너지가 가장 가까운 배우자를 향할 수 있다. 둘이 해방감을 느끼면서 여유와 행복을 즐긴다면 좋겠지만, 부부 사이의 갈등이 재점화되기도 한다. 육아를 최우선으로 살아온 부부는 '아이를 생각해서 참는다'라며 자신을 다독였거나 둘의 문제를 '아이가 자라고 난 뒤'로 미뤄온 경우가 많다. 각자의 삶이 확고하면 그래도 갈등이 커지지 않도록 거리를 유지할 수 있는데, 그렇지 않거나 성격 때문에 서로 부딪치는 경우 완충재 역할을 하던 자녀가 떠난 후에 갈등이 물 위로 올라온다. 20년, 30년을 묵혀온 이런 갈등은 쉽게 해소되지 않는다. 각방을 쓰는 부부가 많아지고, 이제는 나를 위한 삶을 살아야겠다고 결심해서 황혼이혼을 하는 사람도 많다. 통계청 자료에 따르면 전체 이혼 건수는 줄어들지만 혼인 지속 기간 20년 이상의 이혼은 꾸준히 증가하고 있다.

방향을 잃은 에너지가 자신에게 집중되어 부정적인 영향을 주기도 한다. 자녀에게 해주지 못한 것, 잘못한 것을 후회하거나 오로지 자녀에게 헌신한 듯한 자신의 인생이 허무해진다. 주어진 시간을 어떻게 보낼지 즐거운 마음으로 계획하면 좋으련만, 지나온 삶을 돌아보며 자책하고 후회하는 시간이 늘어난다. 그러면서 심각한 우울 증상이 나타날 수 있다.

프로이트는 우울 증상이 내면을 향한 공격성이라고 말했다. 공격성이 바깥을 향하는 투사projection가 피해의식을 강화한

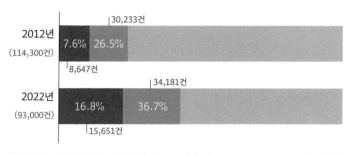

전체 이혼 중 혼인 지속 기간 20년 이상 이혼 건수

2012년
(114,300건)

30,233건

7.6% 26.5%

8,647건

2022년
(93,000건)

34,181건

16.8% 36.7%

15,651건

■ 혼인 지속 기간 20년 이상   ■ 혼인 지속 기간 30년 이상   자료: 통계청

다면, 공격성이 내면을 향하는 우울depression은 자신을 비합리적으로 공격하면서 죄책감, 후회, 비관으로 내면을 채우게 만든다. 특히 온 힘을 다해 키운 아이가 내 품을 떠나면 상실감도 한몫을 한다. 우리는 사랑하는 사람에게 일반적으로 사랑과 미움의 양가감정을 갖고 있다. 사랑하는 사람을 잃으면 그 감정이 내면화되면서 야속함, 미안함, 분노가 나도 모르게 나를 향하기도 한다. 이때 찾아온 빈둥지증후군은 본격적이고 골이 깊은 우울증을 유발한다. 소설가 마크 트웨인Mark Twain은 "분노는 염산과 같다. 산을 뿌리는 대상보다 산을 담고 있는 그릇에 더 큰 해를 끼칠 수 있다"는 말을 남겼는데, 분노가 내면을 향하는 것은 곧 '나'라는 그릇이 녹아내릴 수 있는 위험한 일이다.

자녀에서 자신으로, 무게중심을 옮기자

자녀가 떠나가는 중노년기에는 어떤 마음가짐이 필요할까? 자녀와 나 사이의 무게중심을 바꾸려는 노력이 우선이다. 지금까지 '자녀 70, 나 30'의 무게중심으로 살아왔다면, 서서히 나에게 쏟는 무게를 늘려 '자녀 30, 나 70' 정도로 조정하는 것이다. 무게중심의 변화가 있어야 자녀에게 쏟던 에너지가 방향을 잃는 것을 예방하고, 자녀 중심의 사고에서 벗어나 나를 위한 삶을 살 수 있다. 자녀 양육의 '성과'가 내 인생을 평가하는 가장 중요한 지표가 아님을 깨닫고, 내가 이뤄온 것으로, 내 가치관과 선택으로 내 인생을 평가해야 한다. 그래야 빈둥지를 마주하고서도 건강한 자아와 충분한 자존감을 지킬 수 있다. 생활과 마음에서 자녀의 비중이 줄어드는 것이 낯설겠지만 그것이 건강한 삶의 방향이다.

'버킷리스트'는 나에게 집중하기 위한 실용적인 방법이다. 육아를 위해 미뤄왔던 것을 정리해보고, 지금부터 이뤄나갈 수 있는 것들을 리스트로 만들어보자. 배우고 싶었던 취미, 가보고 싶었던 장소, 해보고 싶었던 일 등 무엇이든 좋다. 앞으로 10년, 20년에 걸쳐 천천히 이루고 또 수정해나간다는 마음으로 부부가 같이 작성하는 것도 좋은 방법이다. 함께 버킷리스트를 이뤄나가며 자녀를 키우며 엉켜 있던 마음의 응어리를 풀 수도 있을 것이다.

'노년의 롤모델'이라는 목표

정신분석가 파울 페르하에허Paul Verhaeghe는 "부모 역할에 얼마나 성공했는가는 자녀가 부모를 떠날 수 있는 능력을 보면 알 수 있다"라고 말했다. 아이들이 성공적으로 내 품을 떠나고 내게 빈둥지가 남았다는 것은 내가 자녀를 잘 키웠다는 증거다. 이제는 그 빈둥지에서 자녀가 찾아올 것을 기대하며 기다릴 수 있는 능력을 갖춰야 할 차례다. 다음 단계로 나아갔으니 새로운 준비와 마음가짐이 필요하다.

먼저 '(육아에 모든 걸 쏟아붓는)부모'라는 틀에서 벗어나 부모와 자녀의 관계를 재설정하자. 어른이 된 자녀는 내가 늘 돌봐줘야 하는 존재가 아니다. 반대로 나이가 들어 내가 돌봄을 받는 역할의 전환이 생긴다. 아프면 자녀가 병원에 데려가고, 생활이 어려워지면 경제적으로 지원해주거나 직접 찾아와서 챙겨주기도 한다. 처음엔 어색하고 미안할 수 있지만, 이제 부모와 자녀는 부모가 일방적으로 주는 관계에서 서로 도움을 주고받는 대등한 관계로 바뀌어 가는 것이 좋다. 긴 시간 동안 도움을 주고받는 관계이니 너무 미안해하기보다 그때그때 감사의 마음을 충분히 표현하면 된다.

어린 자녀는 부모를 동경의 시선으로 바라보며 자신의 든든한 보호자로 인식했다면, 어른이 된 자녀는 부모를 한 사람의 어른으로 보기 시작한다. 게다가 자녀는 나를 가장 오래 관찰한 사람이기도 해서, 내 단점도 속속들이 알고 있다. 이제는 자녀의 보호자 대신 닮고 싶은 어른이 되어야겠다는 마음을 가져보자. 높은 사회적 지위나 어마어마한 자산을 축적하라는 의미가 아니다. 자녀가 나를 보면서 '나도 저렇게 나이 들면 좋겠다'고 생각할 수 있는, 동시에 나이가 들어도 괜찮다는 안심을 줄 수 있는 노년의 롤모델이 되어주는 것이다.

육아 졸업을 앞둔 분들이라면, 혹은 빈둥지를 마주하고 있다면 내가 처한 상황과 조건을 돌아보며 '닮고 싶은 어른으로서 내 삶의 남은 목표를 이루는' 인생의 후반전을 시작해보자. 빈둥지증후군을 경험하는 시기는 인생을 마무리하는 시점이 아니라, 아직 왕성하게 자신의 인생을 펼쳐나갈 활력이 있는 때다. 평균 수명이 늘어나면서 자녀를 떠나보낸 부모에게도 적지 않은 시간이 남아 있다. 그러니 어떤 마음으로 삶의 목표를 조정하느냐에 따라 빈둥지를 보며 슬퍼하는 시간을 보낼 수도 있고, 자녀와 새로운 관계를 맺으며 자녀의 미래를 안심시켜주는 든든한 어른이 될 수도 있다.

인생이 불안하고 불만스럽다면
5년만 기다려보자

"잘하고 있으면 실수할까 봐, 잘 안 풀리면 조바심이 나서 걱정이 돼요. 자꾸 예민해지고요. 다 애들 잘되라고 하는 걱정이라서 그런지, 자꾸 애들한테 쏟아내요. 매번 후회하는데도 참기가 어려워요. 내가 이상한 사람이 되는 것 같아요."

"일 다니고 집안일 하는 것만으로도 벅차서, 아이에게 일이 생길 때마다 급격하게 피곤해져요. 아이 잘못이 아닌데도 종종 아이가 미워요. 그냥 다 털어버리고 혼자 지내고 싶어요."

진료실에서 만나는 40대에서 50대 초반 부모에게서 자주 듣는 이야기다. 사회생활도 한창 바쁠 시기인데, 이제 노년에 접어든 부모님을 돌보는 낯선 일이 주어지고 학교 다니는 아이들은 챙겨줘야 할 게 너무 많다. 그러다 보니 자녀가 예쁘고 사랑스러울 때보다 걱정되고 부담스러울 때가 많다. 신경 쓸

곳이 많으니 어디 한 군데에서든 문제가 생기고, 인생이 만족스럽지 않다. 사춘기를 지나는 자녀들은 부모에게 반항적이고 자기주장도 강해진다. 이 시기부터 자녀가 20대 중반에 이를 때까지가 부모와 자녀 사이의 긴장이 최고조에 다다른다.

그 시기를 지나 자녀가 취업하고 자기 인생을 열심히 살아가는 게 보이면 대견하고 마음이 놓일 법도 한데, 이상하게 그렇지 않다. 마음에 들지 않고 거슬리는 모습만 눈에 띄고, 응원하는 마음으로 지켜보는 것이 어렵다. 왜 그런 걸까?

정신건강의학과에서는 종종 '주제 통각 검사'라는 심리 검사를 활용해 환자의 상태를 진단한다. 대상이 뚜렷하게 묘사되지 않은 흑백 그림을 몇 개 보여주고 무엇이 보이는지 설명하라고 한다. 이때 사람들은 마음 상태에 따라 그림을 다르게 설명한다. 예를 들어 창문으로 바깥을 내다보는 사람의 그림을 보여주면, 보통은 "오늘 날씨가 어떤지 보는 것 같아요"라고 대답한다. 그런데 "저 사람이 창밖으로 뛰어내리려나 봐요"라고 걱정스러운 어조로 말하는 사람도 있다. 우울증 환자들의 전형적인 반응이다. 화사하게 햇빛이 비치는 세상일지라도 우울한 사람은 선글라스를 낀 것처럼 세상을 어둡게 바라본다. 자신의 감정을 투사projection하기 때문이다.

자녀를 보는 부모도 마찬가지다. 분명 잘 지내고 있는 것 같은데 자꾸 자녀의 일거수일투족이 거슬린다면, 자신의 감정을 투사하고 있는 것은 아닌지 살펴봐야 한다. 우리는 타인을 쉽게 바꿀 수 없지만 타인을 보는 나의 관점은 바꿀 수 있다. 그런데 내가 타인을 보는 관점이 내 감정에 의해 왜곡되어 있다면? 그럴 가능성도 있다는 걸 생각해보자. 자녀가 못마땅한 이유는 내가 내 인생이 만족스럽지 않기 때문은 아닐지. 제일 만만한 자녀를 무시하고, 지적하고, 부정적으로 판단하는 것은 실은 부모가 가상의 전능감을 유지하려는 방어의 일환일 뿐인 경우가 많다.

삶이 만족스러워지는 순간은 반드시 다시 찾아온다

작가 조너선 라우시Jonathan Rauch는 저서《인생은 왜 50부터 반등하는가》(부키, 2021)에서 나이대별 삶의 만족도를 조사한 연구를 소개한다. 16~70세 영국인 100만 명을 대상으로 조사한 결과, 만족도는 10~20대에 높은 수준을 유지하다가 점차 떨어져 40대에 최저를 기록했으며, 50대부터는 다시 상승하는 U자 곡선을 그렸다. 한편 우울증 발병 확률은 이와 반대로 40대 중반에 최고조에 이르는 역U자 곡선을 그렸다. 미국과 유럽에 거주하는 50만 명을 대상으로 실시한 조사에서도 인생의 만족도는 U자 곡선으로 나타났으며, 중국, 러시아 등의 나라에서도 동일한 패턴이 관찰되었다. 우리나라도 연령대별 스트레스와 안녕지수를 조사하면 이와 비슷한 결과를 보인다. 삶의 만족도가 가장 낮아지는 시기는 나라마다 조금씩 달랐지만, 행복도가 높은 국가일수록 만족도의 반등 지점은 조금씩 앞당겨졌다.

20대에는 자신의 앞날을 낙관적으로 바라보며, 자신이 이룰 성취를 과대평가하는 경향이 있다. 기대와 꿈이 큰 만큼 삶의 만족도 역시 높다. 실패를 경험하더라도 다음 기회가 있다

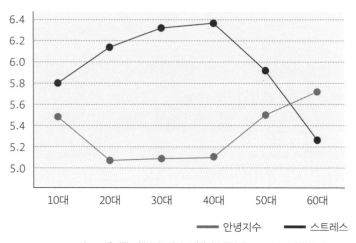

2022년 연령대별 안녕지수·스트레스

자료: 서울대학교 행복연구센터, 《대한민국 행복지도 2023》, 21세기북스, 2023.

고 생각하니 크게 좌절하지 않고, 바로 다음 일을 준비한다. 그런데 사회생활 경험이 쌓이면 낭만에 젖어 있던 청년은 현실적이 된다. 실패와 좌절을 경험하면서 젊었을 때보다 비관적인 예측을 하고, 삶의 만족도도 낮아진다. 신경 써야 할 일, 짊어져야 할 책임, 대응해야 할 사건은 점점 많아지고 기대만큼 성취하기도 어려워진다. 내가 꿈꿨던 이상이나 목표를 실현하는 것은 불가능해 보인다. 인생에서 삶의 만족도가 바닥을 치는 시기다.

삶의 만족도가 내리막을 그리고 있을 때에는 좋은 일도 온전히 즐기지 못한다. 창밖을 내다보는 사람이 뛰어내릴 것 같다고 불안해하는 것처럼, 인생이 잘 풀리면 이젠 실패와 좌절이 기다리고 있을 거라며 불안해하고 안 풀리면 그럴 줄 알았다며 비관적인 생각만 깊어진다. 자녀를 보는 시선도 마찬가지다. 자녀가 좋은 대학에 가도, 취업을 해도 내 삶의 만족도가 높지 않으니 안 좋은 부분만 눈에 띈다. 좋은 일로 얻는 기쁨은 50% 정도로 줄어들고 나쁜 일로 생기는 타격은 200%로 받는 시기다. 모든 일을 부정적 감정의 눈으로 바라보니 삶의 만족도는 떨어지고, 그 결과 더욱더 부정적 감정이 중심을 차지하는 악순환이 생긴다.

내가 힘드니 부정적인 감정을 투사하는 것은 막을 수 없지만, 자녀를 바라볼 때도 자신의 힘든 상황이 안 좋은 영향을 미친다고 자각하면 악순환에 빠지는 것은 예방할 수 있다. 이때 가장 중요한 마음가짐은 '기다려보자'이다. 지금 내 주변 모든 것이 마음에 들지 않고 매일 짜증이 올라오는 것은, 인생이 바닥 구간을 지나고 있어서 부정적 감정이란 선글라스를 끼고 세상을 바라보는 탓인지도 모른다. 그냥 기다리면서 지켜만 보

자. 그러면 어느새 감정적 판단의 필터는 서서히 걷힌다. 지금 이 바닥 시기를 지나면 삶의 만족도가 오르고 행복해질 일이 더 많을 것이라 생각하자.

이 시기를 겨우 넘기고 반등점을 통과한 효과는 이렇게 나타난다. 현실적이면서도 비관적이지 않은 기대를 하고, 이를 충족할 가능성도 높아져 기대한 보상을 얻으면서 삶의 만족도가 높아진다. 나쁜 소식이 주는 타격이 젊을 때보다 약해지고, 인생의 쓴맛이 주는 아픔의 강도도 덜해진다. 젊은 시절의 비현실적 낙관주의 대신 성숙한 현실주의를 갖게 된다. 덕분에 일상은 크게 달라지지 않았는데 아이러니하게도 삶은 조금씩 행복해진다. 부정적인 일보다 좋았던 일을 더 많이 기억하는 일종의 긍정적 편향이 자라난다. 먼 미래나 불확실한 일에 매달리며 일희일비하지 않고 내게 주어진 시간을 충실하게 보내는 것에 집중한다.

중년의 삶이 힘든 것은 무엇을 잘못했거나 상황이 절망적이거나 인생이 실패한 탓이 아니다. 전 세계 사람들이 빠르든 늦든 똑같이 겪고 있는 '중년의 위기'일 뿐이다. 그러니 5년 뒤에는 나아질 것이라는 믿음으로, 오늘도 주어진 일을 해내면서 기다려보자. 사소한 문제는 흘러가게 내버려 두고, 시간을 버텨낸다는 마음으로 지내보자. 삶에서 마주하는 조그마한 기쁨들을 소중히 여기고 작은 성취에도 보람을 느끼려 노력하자. 그렇게 모은 작은 기쁨들이 지금의 힘듦을 이겨내는 데 큰 도움을 줄 것이다. 그렇게 일상을 부정적으로 바라보던 시선이 바뀌면, 자녀를 보는 시선도 한결 편하고 밝아질 것이다.

중년의 자녀와 노년의 부모 사이

내가 어렸을 때는 환갑잔치를 성대하게 했다. 평소 왕래가 적은 먼 친척들까지 한자리에 모였고 손주들은 재롱을 부리고 자식들은 환갑을 축하하며 뜻깊은 선물을 드렸다. 국민학교를 다닐 때 할아버지의 환갑잔치에서 태권도복을 입고 태권도하는 시늉을 냈던 기억이 생생하다.

그러나 요즘은 환갑잔치를 하는 집을 거의 보지 못했다. 내가 어렸을 때만 해도 환갑을 맞이하는 어른들이 많지 않았지만, 기대수명이 80세를 넘어선 현대에는 환갑을 맞이하는 사람이 흔해졌기 때문이다. 이제는 조금 유별나게 축하하는 생일날 정도로 여겨지는 듯하다.

기대수명의 증가는 곧 은퇴 후의 삶이 길어진다는 뜻이다. 1970년대만 해도 정년퇴직할 나이를 맞이하기도 전에 사망하는 사람이 많았다. 1990년대에도 60세에 정년퇴직한 후 기대 수명이 10여 년 남아 있었다면, 현대에는 사고로 인한 죽음을 제외하면 기대수명이 90세에 가깝기 때문에 정년퇴직 후에도 30년 가까운 삶이 남아 있다.

기대수명의 증가는 우리 사회의 다양한 변화와 맞물려 새로운 고민거리를 안겨준다. 결혼하지 않는 사람이 늘어나면서 중년을 맞이한 후에도 나이 든 부모와 함께 사는 사람들이 많아졌고, 노년이 길어지면서 부모가 자녀에게 의존하는 시간도 늘어났다. 독립적으로 살아가다 나이가 들어 자녀에게 의지해야 하는 부모와, 자신의 삶을 유지하는 것도 힘들지만 부모를 돌봐야 하는 자녀가 삶의 균형을 찾아가는 것이 새로운 시대의 고민이다. 그리고 그 끝에는 피할 수 없는 이별이 기다리고 있다.

이번에는 결혼하지 않은 중년 자녀와 노년을 맞이한 부모의 관계를 이해하기 위해서, 지금 우리에게 다가온 변화를 먼저 마주했던 두 나라의 책에서 도움을 얻고자 한다.

노년의 불안이 잠재한 평온한 일상

첫 번째 책은 일본의 만화가 마스다 미리가 쓴 《평균 연령 60세, 사와무라 씨 댁의 이런 하루》(이봄, 2015)다. 사와무라 씨 댁에는 세 명의 가족이 산다. 40세 독신 회사원 딸 히토미, 회사원으로 일하다가 정년퇴직을 한 후 '젊게' 살려고 노력하는 70세 아버지 시로, 요리가 특기이고 동물을 좋아하는 주부 69세 어머니 노리코다. 세 사람은 히토미가 어렸을 때부터 살던 작은 주택에서 지금까지 함께 살고 있다. 이 평균 연령 60세 가족의 잔잔한 일상 이야기가 책의 주된 내용으로, 특별한 사건이나 극적인 갈등은 일어나지 않는다. 예를 들면 이런 에피소드들이 있다. 시로는 건강을 위해 헬스장을 등록하고 젊은 사람들과 어울리려 노력한다. 호기심이 많은 시로는 집에 오는 길에 백화점 아이스크림 가게에서 서서 아이스크림을 먹는 직장인 여성을 발견하고, 히토미에게 왜 그런 것이냐고 묻는다. 히토미는 고생한 자신에게 상을 주고 싶은데 테이크아웃으로 먹는 것이 더 싸서 그런 거라고 설명해준다. 한편 히토미는 점점 기억력이 나빠지는 시로가 '양배추, 단무지, 문어, 메기, 악어'처럼 맥락 없는 엉뚱한 메모를 남겨둔 수첩을 발견하고는, 혹시 치매가 온 것은 아닐까 걱정하며 "일단은 밝게 물어보자"면서 시로에게 이유를 묻는다. 그러자 시로는 그저 시리즈물 책의 제목을 줄여서 적은 것뿐이라고 대답한다.

모두가 조금씩 나이 들어가는 가족은 멀지 않은 미래에 치매나 암 같은 큰 질병이 기다리고 있다고 예감한다. 평온한 일상 속에 그런 아슬아슬한 마음이 잠재해 있다. 시로와 노리코는 히토미가 결혼하지 않은 것을 타박하면서도, 서로 의지하며 함께 살 수 있는 것을 감사히 여기기도 한다. 그들이 낡은 집을 리모델링하면서 문턱을 없애고 욕조의 깊이를 얕게 만드는 장면은 상징적이다. '건강할 때 해두면 좋겠다'는 진지한 고민에는 이별의 예감이 담겨 있어 마음을 무겁게 하지만, 혹시 딸이 결혼한다면 이곳에 계속 살길 바라는 부분에서는 포기하지 못한 자녀의 결혼에 대한 욕망이 드러나기도 한다.

떠나가는 부모와 떠나보내는 자녀

그러나 사와무라 가족은 아직 큰 위기를 맞이하기 전이다. 시로와 노리코 모두 일상생활을 하는 데 지장이 없고, 경제적으로도 안정되어 있다. 다만 5년, 10년 후의 미래가 걱정될 뿐이다. 한편 미국의 만화가 라즈 체스트의 《우리 딴 얘기 좀 하면 안 돼?》(클, 2015)는 사와무라 가족의 미래를 보여주는 듯한 작품이다.

뉴욕 브루클린에서 자란 체스트는 부모 곁을 떠나 코네티컷으로 이사를 간다. 부모가 건강할 때에는 종종 안부전화를 걸고 1년에 한두 번 만나는 정도의 사이였다. 그런데 90세가 넘어가자 씩씩하고 독립적으로 살아가던 부모에게 큰 변화가 생겼다. 《우리 딴 얘기 좀 하면 안 돼?》는 90세가 넘은 노년의 부모와 함께 살아가는 작가의 이야기를 담은 만화다.

어머니는 자꾸 넘어지기 시작했고 아버지는 차를 끓인 후 불을 끄는 것을 잊는 등 눈에 띄게 기억력이 감퇴했다. 노부부는 안전을 위해 서서히 집 밖에 나가지 않게 되고, 노인 전문 변호사를 불러 달갑지 않은 일(유언, 유산 관리, 연명치료 여부 등)을 의식이 온전할 때 결정해두려 한다. 이런 이야기는 자식이든 부모든 평생 하고 싶지 않지만, 미리 분명히 해두는 편이 좋다는 것 또한 알고 있다. 나이 듦은 불편한 일을 결정하는 계기가 된다. 불편하지만 가야 할 길을 가야 하니까.

이후 가족의 일상에는 죽음, 이별, 독립된 삶에 관한 고민이 스며든다. 딸은 부모가 더 이상 독립적으로 생활할 수 없으며, 언제든 갑작스럽게 죽음을 맞이할 수 있다는 사실을 의식하며 지낸다. 그러던 와중에 어머니는 찬장에서 물건을 꺼내다 낙상해서 결국 병원에 입원한다. 평생 어머니에게 의지하며 살아온 아버지는 집에 아내가 없는 상황을 받아들이지 못해 치매 증세가 악화된다. 우여곡절 끝에 어머니는 퇴원했지만 일상생활을 유지하기 어려워졌고, 치매로 온전한 판단 능력을 잃어버린 아버지와 함께 간호사와 식당이 있는 복지 주택으로 이사한다. 노년의 마지막 단계로 넘어간 것이다.

그들은 노년 돌봄을 받는 과정에서 그동안 모아놓은 돈이 햇볕에 눈이 녹듯 사라지는 것을 경험한다. 딸은 경제적 문제로 고민에 빠지고, 의료제도의 문제에 직면한다. 뉴스에서나 보던 'DNR(Do Not Resuscitate, 연명치료를 하지 마시오)' 팔찌를 부모의 팔에 채워주기도 한다. 얼마 지나지 않아 아버지는 폐렴으로 사망하고, 어머니는 24시간 요양보호사의 돌봄을 받다가 뒤이어 사망한다. 부모와 딸은 죽음을 앞둔 시점에도 평소처럼 다투고 고집을 부리고 타협하기를 반복하는데, 작가는 끝까지 가족의 모습을 유머러스하게 그린다. 이 만화는 부모를 떠나보내는 작가의 애도 방식이리라. 책 말미에 어머니의 마지막 날들을 그린 스케치에서 눈을 떼지 못했던 것도 그런 마음이 전해졌기 때문일 것이다.

두 만화는 노년을 맞이한 부모와 자녀 관계의 시작과 마지막을 보여준다. 우리가 직접 마주하기에는 다소 부담스러운 소재들, 부정할 수 없는 늙음과 죽음이라는 주제를 만화라는 보다 가벼운 형식으로 전하고 있어, 우리가 마주할 길어진 노년의 시대를 미리 살펴볼 수 있다.

비록 허구의 이야기지만 나 자신이, 주변 사람들이 비슷한 미래를 마주할 것이라고 생각하면 두 작품은 두터운 울림을 줄 것이다. 자녀와 함께 그 시기를 어떻게 살아갈지를 그려나가며 읽어보면 어떨까.

까다로운 어른은 되지 말자

사람은 나이가 들수록 자연스럽게 까다로워진다. 성격의 문제가 아니라, 내 취향과 스타일이 완성되기 때문이다. 내가 무엇을 좋아하는지 정확히 알고 있으니 새로운 시도가 싫어진다. 줄곧 맛있게 먹던 것을 먹고, 좋아하는 느낌의 공간을 방문하며, 입던 옷과 비슷한 옷을 꾸준히 찾아 입는다. 고민이 줄어든 것은 편하지만, 새로운 제안을 받으면 짐짓 거부감부터 든다. 내 경험상 좋지 않은 음식이나 물건, 즐겁지 않은 일을 거부하게 되니 의사 표현도 확실해진다. 그러니 자연스럽게 까다롭다고 여겨지는 것이다.

이는 뇌 기능의 변화와도 연관이 있다. 뇌에서 상황에 맞게 대처하는 유연성을 담당하는 영역은 전두엽인데, 전두엽은 뇌 전체의 20~25%를 차지할 정도로 큰 부분이고 가장 늦게 발달해 25세까지 자라난다. 그래서 유아동이나 청소년은 고집이 세고, 20대에 접어들면서 점점 유연해진다. 그런데 뇌가 나이 들면 가장 먼저 기능이 저하되는 것도 전두엽이다. 유연하게 대처하는 능력이 줄어들고 완고해진다. 부모의 통제 아래 있던 어린 시절과 달리, 중노년기의 어른은 바뀐 상황에 대처하기 어려우면 노여워하거나 심지어 손해를 보더라도 자신의 의견을 밀고 나가곤 한다. 유연성이 만개하는 20대 자녀가 60대 부모를 보며 '아, 우리 아버지와 어머니가 꼰대가 되어가는구나'라고 생각하는 것이 이상하지 않은 시기가 온 것이다.

"아버지, 요즘은 그렇게 말씀하시면 안 돼요. 시대가 바뀌었다니까요."

사회 변화에 민감하게 반응하는 젊은 자녀가 지적하면 말과 행동을 돌아볼 마음은 들지 않고 그냥 짜증스럽고 화가 난다. 나는 그냥 이대로 살다가 죽고 싶다는 마음이 든다. 피곤하거나 당황스러운 상황일수록 더욱 원래 하던 방식을 고수하고 싶다. 자녀는 부모의 고집을 몇 번 겪고 나면 부모에 대한 기대를 낮춘다. 세상에 나가서 경험한 새로운 것을 함께 나누고 싶다는 자신의 제안을 거절당한 자녀는 부모를 시대에 뒤처진 사람이라 단정하고 혼자 앞으로 나아간다.

그런데 부모는 어른이 된 자녀와 많은 이야기를 나누며 함께 시간을 보내고 싶어 한다. 자녀가 어렸을 때는 자신의 고충이나 세상 사는 이야기를 나눌 수 없는 보호해야 할 존재였지만, 지금은 어엿한 어른으로 성장했으니 자신을 더 많이 이해할 것이라고 기대한다. 그런데 자신의 완고함 때문에 자녀에게 까다롭고 어려운 사람이 되어버렸다는 걸 인식하지 못한다. 자녀는 자녀대로 '까다로운 부모'를 맞춰주려 하는데, 부모가 변하지 않으면 자녀도 한계가 오기 마련이다. 그래서 잘 지내는 것 같다가도 한 번씩 크게 싸우곤 하는 것이다.

그럼 어떻게 하면 좋을까? 먼저 나이 듦을 인정하는 것에서 시작해야 한다.

'어렵고 불편한 어른'이 되었음을 인정하자

교수가 된 직후부터 나는 전공의들과 가깝게 지내려는 편이었다. 회진할 때는 엄격하게 대했지만, 평소에는 권위를 내세우지 않고 편하게 대하려고 노력했다. 종종 시간을 내서 지갑 사정이 좋지 않은 전공의들에게 맛있는 밥과 술을 사주며 고민을 들어주기도 했다. 그렇게 몇 년 동안은 전공의들과 서로 소소한 일상을 나누면서 친밀한 관계를 맺을 수 있었다.

그런데 몇 년 전부터 분위기가 달라진 것을 느꼈다. 회진할 때는 언짢은 소리를 해야만 할 때가 있는데, 전보다 전공의들의 얼굴이 훨씬 굳어 있고 몸이 움츠러든 것을 발견했다. 예전에는 신나게 맞장구치던 친구들이 내가 대화를 이어나가지 않으면 묵묵히 앉아 있거나 예의상 대답하는 것처럼 어색하게 말하곤 했다. 처음엔 긴장을 많이 하는 성격이구나, 하고 넘어갔는데 비슷한 일이 반복되니 이상하다는 생각이 들었다.

그러다 우연히 배우 김의성의 인터뷰를 보게 되었다. 그는 30대에 10년 동안 베트남에서 사업을 하면서 배우 생활을 쉬었다가 다시 연기를 시작해 어느덧 50대 후반의 중견 배우가 되었다. 긴 공백기 끝에 연기 현장에 복귀했으니 나이 어린 후배 배우들이나 현장 스태프들과 격의 없이 지내며 좋은 관계를 유지하려고 많은 노력을 기울였다고 한다. 자신이 노력하는 만큼 사람들도 자신을 좋아해줄 것이라고 믿었고, 그런 태도 덕분에 관객들에게 사랑받을 수 있었다고 여겼다. 그런데 자기보다 어린 후배들이나 현장 스태프들에게 아무리 편하게 대해도, 자신이 늘 강자의 위치일 수밖에 없다는 것을 깨달았다고 한다. 시간이 흐를수록 촬영 현장에서 자신보다 나이가 많은 사람은 적어졌고, 약자일 수밖에 없는 후배 배우나 어린 스태프들이 자신을 좋아할 것이라는 기대 자체가 오만한 착각일 수 있다는 깨달음을 얻었다. 열려 있는 태도는 좋지만, 사람들이 나를 어려워할 수 있음을 아는 것 또한 중요하다는 것을 알게 되었다고 토로했다. 내가 후배 배우나 스태프들과 친해지고 싶더라도, 그들이 나와 가까워지지 않으려 할 수도 있음을 받아들여야 한다는 것이다.

나도 마찬가지였다. 내가 열린 태도로 전공의들의 고민을 들어주려 해도, 호의와 상관없이 나는 이미 꽤 나이가 든 어른이라 전공의가 볼 때는 기본적으로 어려운 존재가 된 것이다. 내가 그 사실을 모르고 있었던 것이다. 처음 교수가 되었을 때 전공의와 나이 차이는 열 살 남짓이었으니, 아마 큰형이나 막냇삼촌 정도로 보였을 것이다. 그런데 50대를 넘어서면서 나는 전공의의 부모에 가까운 나이가 되었고, 그만큼 대하기 어려운 사람이 되었다. 그런데 나는 여전히 오픈마인드로 대하며 친근한 관계를 맺으려 했던 것이다. 이제는 나이, 경력, 직급의 차이가 너무 커져 태도로는 넘을 수 없는 강한 존재가 되어버렸다. 그래서 지금은 열린 태도로 가까워지려는 시도가 오히려 원치 않는 불편한 침범으로 느껴질 수 있음을 인정하고, 전공의들과 적당한 거리를 유지하며 그들의 반응을 담담하게 받아들이고 있다.

부모와 자녀도 마찬가지다. 부모는 어른이 된 자녀와 마주 앉아 편하게 이야기를 나누고 싶은데, 어른이 된 자녀는 부모와 비슷한 또래의 사람이 회사에서 부장, 전무, 대표 등 한참 높은 직급에 앉아 있음을 알게 되었다. 나를 지켜주던 부모가 오랫동안 사회생활을 한 인생 선배이자 어른이라는 사실을 체감한다. 그들을 대하는 것이 어려운 만큼, 부모를 대하는 것도 편하지 않다. 부모가 친근하게 다가가려 해도 거리감은 쉽게 좁힐 수 없다.

사회에서도 젊은 사람들과 열린 태도로 편하게 어울리고 있다고, 젊게 살고 있다고 자부하는 중장년일수록 자신이 착각하고 있는 것은 아닌지 돌아보면 좋겠다. 이미 위력과 권력을 지닌 자신의 '젊게 살기'에 주변 사람들이 맞춰주고 있을지도 모른다. 그러니 부모와 거리를 두려 하는 자녀도 어떤 갈등이나 문제가 있어서가 아니라, 부모의 의도나 태도와 무관하게 부모가 조금 어려운 어르신이 되어가기 때문일 수도 있다.

자녀가 자신과 거리를 둔다고 해도 상처받지 말자. 관계의 거리를 그대로 받아들이고, 나서는 대신 겸손하게 기다리기, 조언을 가장해 참견하지 않기, 일을 맡긴 후에는 뒤돌아보지 않기를 실천했으면 한다. 안타깝지만 내 태도나 노력과 상관없이 세월이 흘러 어느덧 나는 꽤 완고한 어른이 되었는지도 모른다.

취향의 스펙트럼을 넓히자: 편안한 어른이 되는 방법

나이가 들면 어쩔 수 없이 '불편한 어른'의 자리를 받아들여야 하는 것일까? 아니다. 나이가 들어 완성된 취향과 스타일을 바꾸는 것은 어려워도 적극적으로 새로운 것을 찾아 취향을 넓혀나가면 주변 사람들이 나를 더 편하게 생각할 수 있다. 예를 들어 많은 어른이 "먹어 봐, 이게 진짜 맛있는 거라니까?" 하고 자신이 좋아하는 음식을 권하면서 자녀 세대가 좋아하는 음식에는 고개를 젓는다. 완성된 취향에 머무르며 새로운 취향을 탐구하지 않는다. 이는 음식에 한정된 이야기가 아니다. 오랜 세월에 걸쳐 좋아하는 것이 확고해지면 싫어할 가능성이 있는 것은 시도하지 않거나 '신 포도'처럼 여긴다. 이렇게 취향의 스펙트럼이 좁은 사람에게는 자신의 취향을 드러내기 어렵다.

　만약 부모가 나서서 새로운 것을 시도하려 한다면, 간단하게는 자녀가 좋아하는 음식을 함께 먹으러 가자고 한다면 거절할 자녀는 없을 것이다. 오히려 자신의 취향을 이해하려는 부모의 노력을 반길 것이다. 그렇게 낯선 시도를 했을 때 마음에 안 드는 점부터 짚는 대신 "이건 괜찮은데?"라고 장점부터 찾아나가며 취향을 넓혀보자. 꼭 부모와 자녀 사이가 아니더라도 나이가 들면서 인상이 좋아지고 인망이 두터워지는 사람은 타인의 취향을 받아들여 자신의 취향을 넓혀갈 줄 아는 사람이다. 넓어진 취향만큼 상대에게 관용적이 되고, 사람들은 자신을 포용하는 사람에게 호감을 갖고 마음을 연다.

　취향을 넓히려는 시도는 종종 실패할 것이고, 때로는 자신의 취향이 옳다는 확신을 주기도 할 것이다. 그러나 하루가 다르게 변해가는 세상과 밀착해 있는 자녀에게 불편하고 까다로운 어른으로 남지 않으려면, 실패에 덜 괴로워하고 작은 발견에 기뻐하며 나를 넓히려고 노력해보자. 그러면 자녀가 부모의 새로운 시도를 응원하며 이것저것 제안해올지도 모른다. 자녀도 부모가 인생에서 새로운 재미를 발견하고 활력을 얻길 바랄 테니까. 처음 먹어보는 음식을 먹거나 낯선 여행지에 함께 가거나 신선한 장르의 음악을 듣거나 새로 올라온 공연을 볼 수도 있겠다. 그러면 자연스럽게 전두엽의 노화 속도를 늦추고 유연한 사고를 보다 오래 유지할 수 있다. 무엇보다 자녀와 친구처럼 어울릴 수 있는 어른이자 부모로 지낼 수 있을 것이다.

인생 후반전의 행복,
오늘을 기분 좋게 보내는 것

한 달에 한두 번은 이런 문자를 받는다. "○○회 동문 이○○ 부친상, 빈소: K대학병원, 발인: ○월 ○○일 ○○시." 서로 바빠서 연락하지 못했던 친구들을 이렇게 만난다. 10년, 20년 전에는 결혼식에서 만나곤 했는데, 이제 장례식장에서 얼굴을 본다. 나이 쉰을 넘으면서 생긴 변화다. 10년 후에는 자녀의 결혼식에서 인사를 하고, 나중에는 친구들의 장례식장을 찾아간다고 상상하니 아찔해졌다. 만남의 방식이 달라지면 사고의 방향도 달라진다. 젊은 시절에는 모든 가능성이 내게 열려 있는 듯했다. 미래를 낙관했고 함께 희망을 이야기했다. 그런데 이제는 달라졌다. 연로한 부모의 쇠약해진 모습을 보고, 내 몸도 여기저기 삐걱거린다. 거울 속에 나이 든 나를 발견하며 미래가, 끝이 그려진다. 영원한 것은 없다는 말은 반박의 여지가 없어졌다. 그러니 지금을 살아가는 마음도 달라질 수밖에.

　프로이트는 인간의 본능을 리비도Libido와 타나토스 Thanatos로 구별했다. 리비도는 흔히 성욕과 관련된 본능적 욕구로 이해하지만, 훨씬 폭넓은 개념이다. 성적인 활동의 목적은 생명을 탄생시키는 것이므로 리비도는 생산, 창조, 탐색, 새로움과 같은 맥락의 모든 활동의 에너지가 된다. 타나토스는 공격성을 상징하며, 무언가를 파괴하고 무로 돌아가는 것을 목적으로 한다. 프로이트는 처음에는 리비도만 중요한 본능이라고 보았는데, 제1차 세계대전에서 수백만 명이 죽는 것을 목격하고 인간에게는 죽음을 추구하는 욕동drive이 존재한다는 것을 깨달았다. 리비도와 타나토스는 생애 동안 앞서거니 뒤서거니 하면서 우리 마음을 움직인다. 젊을 때는 리비도가 우세해서 결혼하고 아이를 낳고 사업을 시작하고 새로운 일에 도전한다. 나이가 들면서 서서히 타나토스가 우세해지고 삶의 주요한 주제로 자리 잡는다. 젊은 시절에는 친구들을 결혼식, 돌잔치에서 만나다가 나이가 들면 장례식장에서 만나 서로의 건강을 묻고 병문안을 가게 되는 것은 리비도에서 타나토스로의 변화를 상징적으로 보여주는 장면들이다.

　타나토스로 무게중심이 기울면 삶의 끝이 보인다는 생각에 조바심이 들거나, 다가올 끝이 한없이 두려워지기도 한다. 변화하는 마음을 들여다보고 새로운 삶의 태도가 가져야 할 때다.

죽음이라는 현실이 서서히 실감나는 시기

매달 친구 부모님의 부고를 받거나 어느 날 자기 부모의 죽음을 마주하는 등, 죽음을 끊임없이 상기하게 되면 죽음에 대한 두려움이 커진다. 건강을 자신하던 사람도 몸 이곳저곳에서 고장 신호를 보내오기 시작하면서 건강에 대해 민감해지고, 두 감정이 결합하면 강박에 가까운 건강염려증이 생긴다. 건너뛰던 건강검진을 꼬박꼬박 받고 괜찮다는 결과를 확인해도 여러 병원을 돌며 다시 검사를 받기도 한다. TV에서 건강 프로그램이 나오면 리모컨이 멈추고, 유튜브 알고리즘은 건강한 음식과 생활습관에 대한 영상을 추천해준다. 운동에 시간을 많이 쓰기 시작하는 것도 특징적 변화다.

가까운 이들의 죽음을 경험하면 '죽음'이라는 단어가 추상적인 개념이 아닌 나 역시 맞닥뜨릴 현실이라는 사실이 나를 엄습한다. 나름 산전수전 다 겪은 인생의 베테랑이라고 자부했는데, '죽음'이라는 두 글자 앞에서 혼비백산한다. 죽음 이후를 알려줄 사람은 아무도 없기 때문에, 삶의 경험으로는 예측할 수 없는 죽음이 두렵다. 죽음을 애써 부정하기도 한다. 역사적으로 보면 불로초를 얻고자 한 진시황이나 《잃어버린 지평선》이라는 소설에서 영원히 늙지 않고 살 수 있는 '샹그릴라'라는 가상의 공간을 만든 소설가 제임스 힐튼 등이 대표적 예이다. 모두 죽음에 대한 근원적이 두려움에 대한 반응으로 나타난 것들이다.

주도권이 리비도에서 타나토스로 넘어가면서 삶이 죽음을 향해 급속도로 달려간다고 느낄 수 있다. 멀지 않은 곳에 죽음이라는 벽, 혹은 낭떠러지 같은 것이 있어 나라는 존재가 산산이 부서질 것이라는 막연한 공포와 불안이 우세해진다. 허무, 권태, 무력감이 마음의 한가운데를 차지한다. 자기파괴적 결정이나 비관적 세계관에 몰두하거나 압도당하기도 한다. 그러나 죽음을 회피한다고 달라지는 것은 없다. 그리스의 철학자 에피쿠로스는 죽음에 대해 이렇게 말했다. "죽음은 우리에게 아무것도 아니다. 우리가 살아 있는 동안 죽음은 없는 것이며, 우리가 죽는다면 우리는 더 이상 존재하지 않는다. 모든 감각과 의식은 죽음과 동시에 사라지며 따라서 죽음은 쾌락도 고통도 아니다." 죽음은 언젠가는 만나게 될 무엇일 뿐이다. 그러나 막상 죽음을 마주하면 나도 존재하지 않게 되니 쾌락도 고통도 아니다. 그저 모두에게 다가오는 무엇일 뿐이다.

죽음과 시간 앞에서 원숙하고 지혜로운 어른이 되려면

이 시기에는 죽음이라는 종착점 앞에서 삶의 모든 것이 허무하게 다가올 수 있다. 아무것도 이룬 게 없어 보이고 내 시간만 고인 채로 멈춰버린 것처럼 인식된다. 내 마음의 시간과 세상의 시간 사이에서 괴리를 감각하게 되는데, 이는 깊은 우울의 늪에 빠지는 특징적 징후다. 뭘 해도 소용없을 것 같고 삶이 뻔하고 재미없게 느껴지는 권태가 더해지면 시간의 정체감은 커진다. 죽음이라는 종착지를 생각하면 시간이 흐르는 게 싫지만, 내 삶이 즐겁지 않으니 시간이 너무 느리다고 생각하는 양가감정을 갖는다. 끝나는 것이 두렵지만 빨리 끝내버리고 싶은 모순적인 감정 속에서 어정쩡하게 살아갈 수 있다.

이때 시간과 삶에 대한 가치관을 전면적으로 조정해야 한다. 시간은 내 인생을 배려해서 흘러가지 않는다. 빠르지도 느리지도 않게 한결같이 나아간다. 그러니 내게 주어진 시간이 얼마나 있을지도 차분히 생각해볼 수 있다. 흘러온 시간에 비해서는 짧지만, 정말 죽음이 임박한 것도 아니다. 두려움을 느낄 게 아니라 남은 시간이 소중하다는 사실에 집중해보자. 예전과 비교해서 내게 남은 시간의 가치는 갈수록 올라간다. 뚜렷하게 다가오는 시간의 유한성은 긍정적 변화의 자극제로 활용할 수 있다. 이루고 싶었던 모든 목표를 달성할 수는 없고 그래야 할 필요도 없다는 걸 받아들이자. 모든 것을 이루지 못했다면 어차피 실패라는 식의 완벽에 대한 욕망은 삶을 허무하게 만들 뿐이며, 이 욕망의 허구성을 인정하고 완벽해질 필요가 없다고 인정할 때 마음이 편안해진다.

태도가 달라지면 삶의 관심사와 우선순위도 달라진다. 젊은 시절에는 사회의 평판, 도덕적 가치, 남들의 시선 등이 중요했다면, 이제는 우선순위를 나를 중심으로 재배열한다. 남들이 뭐라 하건 내가 인생에서 진실로 중요하고 가치 있다고 여기는 것에 집중하고 싶다. 덕분에 젊을 때에는 아무리 마음 수련을 해도 닿을 수 없던 평온함에 이를 수 있다.

이는 노년기의 심리 발달과도 연결된다. 노년은 완성되어 딱딱하게 굳어버린 시기가 아니다. 그 시기에도 새로운 인생의 기쁨, 난처하지만 보람 있는 숙제는 주어지기 마련이다. 발달심리학자 에릭 에릭슨은 노년기의 발달 과제로 통합integrity을 제시한다. 단편적인 삶의 경험과 감정을 하나로 통합하면서 원숙하고 지혜로운 사람이 될 기회가 생겼다는 관점이다. 정신의학자 조지 베일런트George Vaillant는 724명의 남녀가 살아온 60년 이상의 삶을 관찰하여 성인기의 발달에 관해 연구했고, 나이가 들면 남 탓을 하거나 현실을 부정하는 것이 아니라 괴로움을 긍정적인 방향으로 승화하여 이타적 행위로 전환하는 성숙한 방어기제를 더 많이 사용한다는 사실을 발견했다.

마음가짐이 변하면 자녀를 바라보는 시선도 달라진다. 더 이상 내 인생 성적표의 가장 중요한 과목으로 바라보며 평가하지 않고, 자기 인생을 꾸려나가는 모습을 흐뭇하게 지켜볼 수 있다. 나에게서 독립적인 한 사람의 어른을 대하듯 담담하게, 그러면서도 사랑을 담아서 말이다. 이제부터 자녀의 시간은 자녀의 것임을 받아들이고, 조바심에서 벗어나 스스로 잘해나갈 것이라는 믿음과 여유를 가질 수 있다. 이는 자녀의 삶에서 관심을 끄는 것이 아니라 거리를 두고 바라본다는 뜻이다. 잘되면 기쁘고 힘들어하면 안타깝겠지만, 가슴이 타들어가며 내가 발 벗고 나서야겠다는 생각은 들지 않는 것이다.

영화의 클라이맥스는 마지막 20분에 있다

이런 노년기의 롤모델이 될 만한 두 어른을 소개하려고 한다. 바로 다큐멘터리 〈인생 후르츠〉의 주인공 90세 건축가 츠바타 슈이치와 87세 아내 츠바타 히데코다. 다큐멘터리는 수십 년 전 슈이치가 직접 지은 집에서 살아가는 두 사람의 소소한 일상을 보여주는 것이 전부다. 그런데 시간 가는 줄 모르게 빠져들고 마음에 평온이 찾아온다. 이 영화에서 두 사람의 시간은 잔잔한 개울가의 흐름처럼 자연스럽게 흘러간다. 그들은 나무를 가꾸고 요리를 하고 목공일을 하는 등 손으로 하는 일에 열심이다. 그러나 모든 일을 '차근차근 천천히' 한다. 90년이나 되는 세월을 살아왔는데도 자연의 작은 변화에 기뻐한다. 종종 과거의 좋은 기억을 편안하게 나누고, 속상하고 아픈 기억은 애써 꺼내어 부정하기보다 아기자기하게 포장해서 깊숙한 곳에 넣어둔다. 그들은 거창한 삶의 의미를 남기려 애쓰지 않고, 평화로운 하루하루를 만드는 것에 집중한다. 두 사람이 이런 노년을 보낼 수 있었던 것은 둘이서 살아갈 독립된 공간을 갖고, 안정된 관계를 맺으며 매일 함께 할 일을 만들어온 덕이다. 영화에서 밭일을 하다가 쉬던 슈이치는 스스르 낮잠에 빠져들고 조용히 숨을 거둔다.

작가 야마다 레이지는 저서 《어른의 의무》(북스톤, 2017)에서 좋은 어른의 의무는 세 가지라고 말한다. '불평하지 않는다', '잘난 척하지 않는다', '기분 좋은 상태를 유지한다'. 이는 행복한 노년을 위한 원칙이기도 하다. 언뜻 간단해 보이지만 나이가 들수록 오히려 실천하기 어려운 원칙들이다. 이를 익히는 데 〈인생 후르츠〉의 두 주인공은 큰 도움을 준다. 먼저 오늘 하루를 충실하게 보내는 것이다. 식물을 돌보든 요리를 하든 자신의 일에 집중하면 불평할 일도, 타인에게 잘난 척할 일도 없으면서 소소한 보람을 느끼며 좋은 기분을 유지할 수 있다. 나이 들어서도 질리지 않고 할 수 있는 일을 건강할 때 몸에 익혀두면 좋겠다.

한편 나보다 어린 사람을 만날 때, 혹은 자녀와 함께할 때면 '입은 무겁고 지갑은 열린' 어른이 되고자 한다. '나 때는 말이지'라고 입을 열며 불평과 잘난 척을 하기보다 남은 경제적 여유로 그들에게 베풀 수 있는 것을 베풀자. 그럴 수 있는 경제적 여유도 착실히 준비해두면 좋다.

세 가지 원칙 중 가장 중요한 것은 기분 좋은 상태를 유지하는 것인데, 사회적 지위가 정점을 지나 내려올수록 무시당한다고 느낄 일이 늘어난다. 이런 일들에 매번 짜증을 내고 부딪치면 하루의 기분을 망칠 뿐 아니라, 그날 만난 사람들에게도 내 부정적 감정이 흘러든다. 감정은 낙수와 같이 위에서 아래로 내려가기 때문이다. 나이가 들수록, 높은 자리에 있을수록, 어른일수록 기분 좋은 상태를 유지하는 것은 내 정신건강뿐 아니라 주변 사람을 위해서도 필요한 일이다.

타인의 말이 내 인생의 가치를 결정한다고 생각하는 시기는 지나왔으니, 어른의 지혜로 평정심을 찾고 나에게 소소한 보람을 주는 일들에 집중하자. 매일의 일상이 즐겁고 만족스러우면, 그런 하루들이 차곡차곡 쌓여 나를 지탱해줄 것이다.

어느덧 나라는 존재의 후반부에 접어들었다. 하지만 모든 영화의 클라이맥스는 마지막 20분에 있듯, 내 인생도 그래야 하지 않을까? 클라이맥스의 전개를 궁금해하며 영화의 마지막을 즐기듯, 남은 시간도 가슴을 두근거리며 살아갔으면 좋겠다. 그것이 인생 후반전에 접어든 행복한 어른의 태도이며 이런 마음을 가지는 것만으로도 내 인생에 평온이 깃든다.

누가 내게 행복하냐고 묻는다면

"아이들이 다 커서 이제 자기 앞가림도 하고, 손주까지 보셨으니 더 바랄 게 없겠어요."

"그렇죠? 애들한테도 얼마나 고마운지 몰라요. 이렇게 마음 편히 지낼 수 있고. 그런데 사람 마음이 참 이상하더라고요. 다들 너무 행복하겠다고, 더 바랄 게 없겠다고 말하는데 이 행복이 당연해져서인지 갑자기 사라질까 봐 걱정돼서인지 오히려 가끔 불안해져요. 배부른 소리처럼 들리겠지만요."

일흔을 앞둔 상엽 씨는 주변의 시선과 덕담이 부담스럽다. 다니던 회사에서도 임원까지 올라 예순에 퇴직했으니, 입사 동기나 친구들보다 높이까지 올라간 데다 오래 다닌 편이다. 덕분에 노후 준비도 걱정스럽지 않다. 돈을 펑펑 쓸 정돈 아니지만 연금과 모아놓은 재산에서 나오는 수익으로 여유롭게 생활할 수 있다. 두 자녀도 무사히 직장을 구하고 좋은 사람과 결혼해 행복하게 살고 있다. 손자까지 둘이나 낳아주었으니, 이 정도면 인생의 성적표가 만점에 가까울지도 모르겠다. 그런 사정을 아는 주변 사람들이 부러움 섞인 덕담을 건네는 건 당연하다. 그런데 왜 그 사람들의 말처럼 행복을 느끼지 못하는 것일까? 나이가 들어 차분해진 것일까? 복에 겨워서 행복한지 모르는 걸까?

이상하게 행복하지 않다고 나를 찾아온 상엽 씨에게는 별다른 증상은 보이지 않았다. 겸손하고 성실하게 살아왔기에 큰 풍파 없이 회사 생활도 마칠 수 있었고, 퇴직하는 날에 부하 직원들이 꽃다발을 준비해줄 정도로 좋은 상사였다. 이기적이고 자기애가 강한 성격이어서 채워질 수 없을 만큼 강한 욕망을 가진 것도 아니었다. 그런데 왜 매사에 조금씩 불안해하고 망설임을 느끼며, 행복한 듯 아닌 듯한 상태에 애매하게 머물러 있는 것일까? 해답은 바로 행복의 특성에 있다.

행복한 삶을 살면서도 불만을 갖게 되는 이유

국어사전에서는 행복을 "생활에서 충분한 만족과 기쁨을 느끼어 흐뭇함. 또는 그러한 상태"라고 정의한다. 이 정의에 따르면 상엽 씨가 행복하지 않은 이유를 짐작할 수 없다. 한편 심리학에서는 행복을 두 가지로 세분화한다. 하나는 순간적으로 느끼는 상당히 강한 긍정적 감정이다. 아이의 탄생, 시험 합격, 취업 성공, 프러포즈를 받는 순간, 로또 당첨 등 기쁜 감정이 최고조에 이르는 순간에 쾌락중추가 보상을 얻으며 느끼는 강렬한 감정이다. 다른 행복은 전반적으로 잘 지내고 있다고 느끼는 '웰빙'의 상태다. 삶에 만족하며 이러한 기분이 안정적으로 유지될 것이라는 낙관적 기대도 충족되고 있어 스스로 행복하다고 느끼고, 다른 사람에게도 '저는 행복하게 지내고 있어요'라고 말할 수 있다. 상엽 씨에게 '행복하시겠어요'라고 말할 때의 '행복'은 이 행복을 가리킨다.

그런데 강한 감정의 행복과 안정적인 감정의 행복이 '행복'이라는 단어 안에 공존하기 때문에, 우리는 평온하고 안정된 상태에서 무엇인가 부족하다고 느낀다. 바로 전자의 행복이다. 이왕이면 강한 보상을 주는 긍정적이고 짜릿한 감정을 자주 느끼고 이 감정이 지속되길 바란다. 그런데 이 감정은 순간적이다. 맛있는 음식을 먹으면서 느끼는 행복이 음식을 먹은 뒤에도 지속될 수 없듯이 말이다. 미국에서 복권에 당첨된 사람, 교통사고 피해자, 일반인의 행복도를 비교한 연구가 있었는데, 복권 당첨이나 교통사고로부터 1년 정도가 흐르자 세 집단 사이의 행복감은 크게 차이가 나지 않았다.[11] 기쁜 일로 느끼는 강한 행복과 나쁜 사건으로 인한 불행한 감정 모두 오래 남지 않는다는 것을 보여주는 결과다. 우리는 강한 행복을 느끼면 그러한 행복을 다시 느낄 수 있기를, 혹은 평온한 행복처럼 계속되기를 바라고, 평온한 행복이 지속되면 강한 행복이 찾아오길 바란다. 행복을 느끼는 순간에도 다음 행복을 꿈꾸거나 다른 종류의 행복을 원하면서 지금의 순간에 불만을 느끼게 되는 것이다. 그래서 행복하다고 말하기는 쉽지 않다.

앞에서처럼 누군가 상엽 씨에게 '그만큼 인생에 좋은 일이 많으니 행복하겠어요'라고 말하면 부정하지는 못하지만, 이미 내가 갖고 있는 것들이라 특별히 대단한 보상을 주면서 강렬한 감정을 느끼게 하진 않는다. 행복하다고 말하면서도 강한 긍정적 감정을 계속 경험하는 것은 아니니 마음속 깊이 '나는 행복해'라고 받아들이지는 못한다. 행복은 잡으면 도망가고 쫓아가지 않으면 저만치 앉아 나를 지긋이 바라보는 고양이 같은 구석이 있다.

만족스러운 삶을 추구하다 보면 어느새 행복은 찾아온다

행복을 인생의 목표로 삼고 추구하는 순간, 오히려 행복은 멀어진다. '얼마나 가져야, 무엇을 성취해야, 어느 정도로 기뻐야 행복하다고 할 수 있지?'라고 생각하면서 행복의 기준을 세우고, 이를 달성하려 노력한다. 그 기준을 달성하지 못하면 아직 행복하지 않다고 여기고, 그 기준을 달성하면 다음으로 이뤄야 할 더 높은 행복의 기준을 설정한다. 그런데 기준점이 올라가면 오히려 자신이 작고 초라해 보일 수 있다. 좋게 말하면 겸손이지만, 나쁘게 말하면 자기비하다. 그렇게 행복을 인생의 목표로 삼으면 일상의 자잘한 즐거움에서 행복을 느끼지 못하고, 높은 사회적 지위나 커다란 금전적 보상 같은 것이 있어야 행복하다고 여기게 될 위험이 있다. 행복을 좇다가 도리어 진짜 행복에서 멀어지는 것이다.

토론토대학교 심리학과 교수 브렛 포드Brett Ford는 행복에 관한 흥미로운 연구를 진행했다. 연구 참가자들에게 "당신의 인생에서 얼마나 행복한가가 어느 정도 가치를 갖는가", "행복하다고 느끼는 것이 삶에서 아주 중요한가"라는 질문을 하고 점수를 매기게 했다.[12] 두 질문에 높은 점수를 매긴 사람일수록 삶의 만족도는 높았지만, 흔히 말하는 '행복의 조건'을 갖춘 사람들은 아니었다. 오히려 우울증을 앓거나 외로움으로 힘들어하는 사람이 많았다. 행복해야 한다고 적극적으로 말하면서 이를 추구하는 사람의 내면은 실은 우울하고 어두울지 모른다. 진정한 행복은 오히려 행복을 의식하지 않고 살아갈 때 느낄 수 있는 게 아닐까.

행복을 뜻하는 영어 단어 'happy'의 어원을 살펴보면 흥미로운 지점이 있다. happy의 어원은 아이슬란드어 'happ'인데, 이는 '우연한 사건' 혹은 '운이 좋은 것'을 뜻한다. 우연히 일어난 일을 뜻하면서 외래어처럼 쓰이는 '해프닝happening'과도 어원을 공유한다. 어쩌면 행복은 계획적으로 준비한다고 얻을 수 있는 것이 아니라, 스스로 만족스러운 삶을 추구하다 보면 우연하게 찾아오는 것일지도 모른다.

행복 강박, 행복 경쟁에서 벗어나야 한다

자신이 행복한지 검증해보거나 타인에게 입증하려고 하면 행복은 계속해서 멀어진다. 자녀의 성공, 모아놓은 재산, 신체적 건강, 좋은 취향, 사회적 지위와 명예 등 비교할 수 있는 것을 행복의 조건으로 삼으면 나보다 더 행복한 위치에 있는 사람이 끊임없이 나타나기 때문이다. 행복 경쟁은 영원히 끝나지 않는 레이스다.

그러므로 남들과 비교할 수 있는 행복의 기준을 만들지 말고, 나에게 행복감을 주는 지극히 주관적인 것을 찾았으면 한다. 나에게 행복감을 주는 일들을 찾아서 행복감을 자주 느끼는 일상을 만드는 데 집중하는 것이다. 행복은 강도보다 빈도, 크기보다 횟수가 중요하다. 마치 곰돌이 푸의 한마디처럼 말이다.

매일 행복하진 않지만 행복한 일은 매일 있어.
Everyday isn't always happy, but happy things are always here.

때론 우리의 인생이 밋밋하고 사소해 보일지도 모르겠지

만, 절대 시시하지 않다. 내 삶을 천천히 돌아보며 작은 기쁨을 발견하고 수집해보자. 그러면 행복하다고 말하기는 어렵지만 행복을 모으는 일은 생각보다 쉽다는 것을 알게 될 것이다. 아침에 일어나 베란다의 화분에 피어난 꽃을 발견하는 것, 운동하러 나가서 친구와 반갑게 인사를 나누는 것, 오늘 요리가 맛있게 된 것, 자녀가 내게 안부 문자를 보내준 것, 손자가 놀러와 간식을 사주며 놀아준 것 등 작지만 분명한 행복의 순간을 차곡차곡 쌓아나가는 것이다. '당신의 인생은 지금 행복한가'라는 거창한 질문에는 선뜻 대답하지 못하더라도, 그 질문을 고민할 시간에 "오늘은 좋았어요. 이 정도면 행복하지 싶은 하루였거든요"라고 대답할 수 있는 날들을 만들자. 그렇게 느낀 행복이 내 마음속에, 인생에 쌓인다고 믿어보자. 진정으로 행복한 삶이란 그런 삶이 아닐까.

그렇게 살아가다 보면 눈을 감는 날이 와도 행복의 조각들이 마지막 순간까지 눈앞에 어른거릴 것이다. 그때 "괜찮은 삶이었어. 내 인생, 이 정도면 충분히 행복했어"라고 한마디를 남길 수 있길 소망한다.

미주

1 김나연, 「SNS 이용시간이 삶의 만족도와 자아존중감에 미치는 영향」, 정보통신정책연구원, 2023.

2 Renae A. Merrill·Chunhua Cao b·Brian A. Primack, *Associations between social media use, personality structure, and development of depression*, Journal of Affective Disorders Reports Vol.10, 2022.

3 Lisa B. Kahn, *The long-term labor market consequences of graduating from college in a bad economy*, Labour Economics Vol.17, 2010.

4 오삼일·강달현, 「BOK 이슈노트: 하향취업의 현황과 특징」, 한국은행, 2019.

5 클라우스 베른하르트, 《어느 날 갑자기 무기력이 찾아왔다》, 추미란 옮김, 동녘라이프, 2020.

6 김범식, 「1/4분기 서울시 소비자 체감경기와 서울시민의 노후준비 실태」, 서울연구원, 2018.

7 「서울시 1인가구 실태조사 및 제도개선 연구용역 보고서」, 서울연구원, 2022.

8 손혜림·송헌재, 「재정패널을 이용한 우리나라 가구의 경조사비 지출과 경조사 수입 간의 관계 분석」, 한국재정학회, 재정학연구 Vol.11, 2018.

9 「2020 KIDI 은퇴시장 리포트」, 보험개발원, 2021.

10 기사, 「자녀결혼에 노후자금 55% 써버린 부모들」 – <경향신문>, 2016년 5월 12일 게재.

11 Philip Brickman, Dan Coates, Ronnie Janoff–Bulman, *Lottery winners and accident victims: Is happiness relative?*, Journal of Personality and Social Psychology 36(8), 1978.

12 Brett Q Ford, Amanda J Shallcross, Iris B Mauss, Victoria A Floerke, June Gruber, *Desperately seeking happiness: Valuing happiness is associated with symptoms and diagnosis of depression*, Journal of Social and Clinical Psychology 33(10), 2014.

어른을 키우는 어른을 위한 심리학

1판 1쇄 발행 2023년 9월 20일
1판 3쇄 발행 2024년 2월 14일

지은이 · 하지현
펴낸이 · 주연선

(주)은행나무

04035 서울특별시 마포구 양화로11길 54
전화 · 02)3143-0651~3 ┃ 팩스 · 02)3143-0654
신고번호 · 제 1997-000168호(1997. 12. 12)
www.ehbook.co.kr
ehbook@ehbook.co.kr

ISBN 979-11-6737-354-0 03180